箱庭による
認知物語療法

自分で読み解くイメージ表現

大前玲子
Reiko Ohmae

誠信書房

が一目瞭然に見通せるものである。

　次に，認知物語療法の位置づけについて，箱庭療法の歴史の中で述べる。箱庭療法は，一般的なカルフ（Kalff, 1966）・河合（1969）の使い方の他には，物語法として，岡田（1993）の物語作り法と東山（1994）のサンドドラマ法がある。これらは，三木アヤ（1991）の箱庭による教育分析の方法から発展させたものである。

　認知物語療法の「イメージの共有」と「安全性」を説明するために通じる点があると思われるので，ここでは東山のサンドドラマ法を援用させていただくことにする。東山はサンドドラマ法について「置かれた箱庭をことばでもう一度整理して伝えることをさせる方法である」とし，箱庭に表現されたイメージを言語化することは，「箱庭療法を自我のコントロールに置く」ことで，そのために「自我のコントロール機能を強化する役割を果たしている」という安全面があるとしている。また，「個人の内界が，生のイメージで布置されている箱庭を，セラピストとクライエントの間で共有するための優れた方法である」とする「イメージの共有」がなされる面の良さについても言及している。認知物語療法では，クライエントの表現するイメージを箱庭作品を見ながら「いま，ここで」共有できる。セラピストは認知物語療法をすることでクライエントの世界によりコミットすることができるように思う。認知物語療法は，「イメージの共有」と「クライエントの行動化をコントロールする安全な方法」というサンドドラマ法と同じような面をもち合わせながら，さらにクライエントの心理的課題を共有するところに発展したものである。

　事例編では，認知物語療法によって心理的課題を意識化することがクライエントの心と行動の変化につながることを，事例によって示した。

　認知物語療法が，サンドドラマ法などのように，従来の箱庭療法から発展した技法のひとつとして，これからの箱庭療法の進歩・発展を促す一助となればと願っている。

　ここで，本書の成立について述べることにする。本書は，2007年9月に大

阪大学から授与された博士学位論文が基になっている。まず，本書の刊行に当たり，記載を許可してくださった，A, B, C, D, E, F, Gさんたちに心からお礼を申し上げたい。

　そして，ここまで私を導いてくださった臨床心理士会の先生・先輩方に感謝の意を表する。博士論文における研究計画から論文作成までさまざまな難問に対し，ご指導とご支援を賜った大阪大学大学院人間科学研究科の井村修先生，老松克博先生，藤田綾子先生（当時），宮田敬一先生，倉光修先生（当時）はじめ教職員の方々，いつも励ましあっていた院生の皆さんや仲間たちにお礼を申し上げる。また，誠信書房の児島雅弘さんにはいろいろご尽力いただき，こうして出版の日を迎えることができた。お礼を申し上げたい。

目　次

まえがき　i

第1章　理論編：技法と発展過程 ―――――――――――― 1

第1節　認知物語療法とは　2
1. イメージ表現を用いる心理療法の観点から　2
2. 認知療法の観点から　3

第2節　認知物語療法の歴史的背景　6
1. 認知療法と夢についての文献　6
2. 認知療法における夢の意義　11
3. 認知療法と従来の夢分析との共通領域　12
4. 認知療法と従来の夢分析での夢の扱いの違い　13
5. 夢から箱庭療法へ　13

第3節　イメージ表現と認知療法　14
1. イメージ表現としての箱庭療法　14
2. 認知療法　15

第2章　認知物語療法の実際 ――――――――――――― 19

第1節　認知物語療法の目的　20
第2節　認知物語療法の方法　21
1. 箱庭療法における認知‐物語アプローチの導入　21
2. 認知物語療法の質問紙　23

第3章　事例編：箱庭療法に認知‐物語アプローチを導入した適用例 ―― 29

第1節　ケースA　30
第2節　ケースB　49
第3節　ケースC　66

第4節　ケースD　　85
　　第5節　ケースE　　100
　　第6節　ケースF　　115
　　第7節　ケースG　　133
　　第8節　心のモデル図　　148

第4章　考察：自分で読み解くイメージ表現 ——— 171
　　第1節　総合考察　　172
　　　　1．心理的課題が効果的に生成され，その達成も促進される要因　　172
　　　　2．内面化への歩みと現実適応との関係　　177
　　第2節　認知療法の観点から箱庭作品を扱う意義　　180
　　第3節　従来の認知療法との比較　　181
　　第4節　認知物語療法の有用性　　183

第5章　まとめ ——— 187
　　　　1．箱庭による認知物語療法は心理的課題を効果的に生成し，
　　　　　　その達成を促進しうるシステムの可能性を確認できた　　188
　　　　2．スキーマの修正，視点の転換による認知の変化　　189
　　　　3．内面化への歩みと現実適応との関係　　189
　　　　4．認知‐物語アプローチを導入する意義　　190
　　　　5．本研究の課題と今後の展望　　190
　　　　6．おわりに　　191

文献　　192
あとがき　　197
索引　　199

第1章

理論編:
技法と発展過程

第1節　認知物語療法とは

1．イメージ表現を用いる心理療法の観点から

　本研究は，箱庭療法などのイメージ表現された作品において，作者が作品の主人公の課題を想定し，それを参考にして自分自身の心理的課題を探求する技法を提示するものである。この技法は，従来の箱庭療法（Kalff, 1966）に認知－物語アプローチを導入したもので，クライエント（以下 Cl と記述）によっては，自分の心理的課題を意識することによって，課題達成が促進されることがあるのではないかと仮定している。

　心理療法においては，河合（2003）も述べているように，Cl の心理的課題を同定することが重要である。しかし，それを Cl 自身が意識化することの意義については十分明らかにされていない。実際，箱庭療法や遊戯療法では，セラピスト（以下 Th と記述）が Cl の心理的課題を把握しながらも，それを Cl に告げたり，Cl と共に検討することは少ない。

　しかし，Cl が自身の課題を認識することは，その心理的課題の達成を促進する可能性もある。ここで提案しようとする認知物語療法の特徴は，従来なら Th のみが自分の心の中で行っていた作業に Cl からの見方を加味して，Cl と Th が共同して Cl 自身の課題を言語化し，Cl 自身がその課題を意識することによって，その達成を促進しようとするのである。とくに知的に高い能力を持つ Cl や，心理療法についての知識を持っている Cl，心理療法の訓練生などでは，その可能性が高いのではなかろうか。本書では，このことを従来の箱庭療法に，認知－物語アプローチを導入することによって検討する*。

　箱庭による認知物語療法は，従来の箱庭療法を改変したものではなく，箱庭療法に認知－物語アプローチを付け加えるものである。認知療法は，どち

　＊　イメージ表現と認知療法の用語についての詳細は，第3節に記載した。

らかと言えば意識の表層の心理的課題を同定し，箱庭療法はより深層の心理的課題を探究するという見方であったが，本技法はその意味では，深層の心理的課題にプラスして表層の心理的課題をとらえようとする。したがって，認知といっても，決して深層の心理的課題を視野に入れていないわけではない。ただ，たとえ表層であろうと，自らの心理的課題に気づくことで，自己洞察が起き，課題達成への動機づけが高まり，結果的に達成が促進されると考えたのである。

本研究で認知‐物語アプローチを用いたのは，近年，認知療法が夢を扱うようになったことにヒントを得ている。認知療法を始めたベック（Beck, A. T.）は，もともと精神分析家として臨床活動にあたっていたが，うつ病者の夢の中に否定的な認知が多く出現していることに気づき，その体験から認知の歪みを修正することを試みるようになった。その後，認知療法は行動的技法と結びつきを深め，ベックが初期の時代（Beck, 1967, 1971）にしたような，夢が取り上げられることはほとんどなかった。

しかし，近年になって心理療法の統合に関心が高まるなかで，再度，認知療法においても夢が注目されるようになった。たとえば，ゴンサルブス（Gonçlves, 1994）は認知療法と物語アプローチの統合により，洞察が深まる新しい技法を提案している。その後，彼は夢を認知‐物語アプローチで取り上げる技法を確立した（Gonçlves & Barbosa, 2002）。

そこで，本研究では，夢を認知‐物語アプローチで取り上げる技法を参考にして，夢と同じようなイメージ表現としての箱庭療法に認知‐物語アプローチを取り入れた認知物語療法を考案した。

2．認知療法の観点から

認知療法の観点からすると，本研究における心理的課題の遂行は，あえてネガティブな自動思考やスキーマを問わず，もっぱら心理的課題を設定し，それに向き合うので，適応的スキーマを獲得し強化することにつながり，結果的にスキーマの修正法になるととらえたのである。言い換えると，「不適

応的スキーマを明らかにしなくても適応的スキーマを発見強化できる可能性がある」という仮説に基づいて，箱庭作品の主人公の課題を媒体にしてCl（作者）自身の心理的課題を設定してもらうという方法を開発したのである。

　認知療法の一般的プロセスでは，まず日常生活での自動思考を特定する。次に自動思考における認知の歪みを特定し修正する。しかし，それだけで問題解決に至らない場合は，より中核にあるスキーマを特定し，その修正に挑んでいく。スキーマを特定するには，さまざまな状況で現れる自動思考をつかみ，いくつかの自動思考に共通する主題をとらえる。スキーマの修正は「論争や説得ではなく，質問と提案によって進められることが重要である」（井上，1992, p. 38）とされている。

　ベック（Beck, et al., 1979）は，スキーマには自己，他者，世界，未来に対する見方の4種類があり，ネガティブな面とポジティブな面があるとしている。スキーマ修正法の一つであるPDL（Positive Data Log）法（Padesky, 1994, 後述）では，認知療法で一般的に使われる質問の仕方であるソクラテスの問答法（Socratic questioning）を用いて，不適応的スキーマに対して揺さぶりをかけ，そのうち適応的スキーマを発見し，それを強化することによってスキーマの修正がなされる。

　たとえば，不適応的スキーマ「私はだめな人間である。生きている価値がない」という認知に対して，ソクラテスの問答法で「本当にそうですか？」とくり返し問いかける。やがて，CIはThをモデルにして，自らに質問することをくり返すうちに，「私はすべてにおいてだめな人間ではなく，私には価値がある」ことも発見する。PDL法では「私には価値がある」ことを裏づける証拠としての具体的なデータを集め，適応的スキーマとしての「私には価値がある」を強化するのである。

　パデスキー（Padesky, 1994）は不適応的スキーマに対抗するものをバランスのよいスキーマと呼び「不適応的スキーマが強すぎるか頻繁に活性化しすぎるか，あるいは適応的なバランスのよいスキーマやポジティブ・スキーマが弱すぎるか活性の頻度が低すぎるときに問題が生じる」としている。

ところが，先にあげた4種類（自己，他者，世界，未来）のスキーマに対する適応的スキーマの発見強化は，このプロセスを通らなくても可能かもしれない。つまり，箱庭をつくるたびに心理的課題を考えることは，適応的スキーマの発見・強化またはその周辺が活性化されることであると考えられる。これは，自動思考の共通テーマから不適応的スキーマを明らかにしなくても適応的スキーマを発見強化できる可能性でもあり，治療的介入の一種と考えられるのである。

 このような仮説に基づいて，本研究では箱庭作品の主人公の心理的課題をCl（作者）に設定してもらうという方法を開発した。これは，箱庭作品の主人公とClの共通性や類似点をもとにClが自分自身の心理的課題に気づいていく方法である。Clは質問に答えていく過程で，自分の心理的課題が主人公の課題と類似していることに気づく。それによりCl（作者）自身の課題が導き出される。このときCl（作者）の心理的課題は到達目標であり，到達すべき信念に近いものであるとすると，それらは，適応的スキーマを活性化し，結果的にスキーマの修正につながると思われる。

 PDL法によると，適応的なバランスのよいスキーマが増えるとスキーマが変化するとしている。箱庭作品の物語のなかの主人公の課題から自分の心理的課題を導き出すことができると，適応的スキーマを形成・強化できる可能性がある。適応的スキーマが形成・強化されやすいのが，箱庭などのイメージ表現から心理的課題を導き出すという設定である。無意識的な適応的思考が箱庭作品の主人公に投影され適応的スキーマを活性化し，結果的にスキーマを変化させる。このために心理的課題の遂行はスキーマの修正法の一つとも考えられるのである。

 本研究で参考にしたゴンサルブスとバルボーサ（Gonçlves & Barbosa, 2002）は，認知療法における夢を使ったアプローチのなかでも，スキーマを比喩的・主観的にとらえるもので，筆者は，夢以外の箱庭やコラージュなどのイメージ表現にも活用できる「イメージ表現に対する認知物語療法」を開発した。

第2節　認知物語療法の歴史的背景

1．認知療法と夢についての文献

　2002年の認知療法の国際雑誌（*Journal of Cognitive Psychotherapy: An International Quarterly*）に「認知療法と夢」という特集が組まれた。ここでは，そこに掲載された内の4篇の先見的な文献を取り上げる。これらの論文のなかでは，認知療法で夢を扱う意義や，実際に夢を認知療法の枠組みで扱う事例について，認知的観点から独創的な夢理論を展開している。

　認知療法は，意識的な感覚である常識の働きを重視し，感情の背後にある思考を扱うことに努めてきた。しかし，最近では疾患の再燃・再発の予防や常識の範囲だけでのアプローチでは改善されない疾患に対しても治療を試みる必要性が議論されている。そのために，思考のなかでも前意識領域に属するスキーマに焦点を当てる治療法（Young, 1990）が注目されてきている。そのなかでまた，無意識的な思考過程の一つの形態として，夢を取り上げる技法も開発されてきた。

　筆者も，スキーマに焦点を当てる治療法には，以前からその必要性を痛感していたが，スキーマを同定するのに，夢などのイメージ表現を使用することが効果的であると考えている。

　ここで取り上げた論文は，特集号の全体を概観し紹介したロスナー（Rosner, R. I.）らによる「認知療法と夢，特集号についての紹介」，ベック（Beck, A. T.）の最近の論文で彼の夢についての考えがわかる「夢と白昼夢における認知パターン」，フリーマン（Freeman, A.）らによる「夢と夢イメージ，認知療法における夢の使用」，前の二人とはスキーマの取り上げ方が異なり認知物語療法からのアプローチとしてゴンサルブス（Gonçlves, O. F.）らによる「反応性の夢から先取りの夢へ，認知‐物語・夢マニュアル」である。

1）「認知療法と夢，特集号についての紹介」(Rosner et al., 2002 "Cognitive therapy and dreams: Introduction to the special issue")

　特集号の寄稿者たちが共通して述べていることは，夢は覚醒時の関心や心配や欲望を反映し，言語的に，視覚的に，隠喩的に話す意識それ自身の一部からのメッセージであるとし，従来の夢分析とは異なって，象徴を使うことなしに夢がわれわれに直接的に語りかけるものであるとしているところである。

　夢はまた感情体験とも関連し，認知療法のThは夢を「熱い認知」(hot cognition：不快な感情に強くとらえられている瞬間の認知）ととらえている。彼らは，夢を子ども時代の最も初期の経験から意味形成されたパターンと，最近の思考や毎日の生活の関心とをつなぐ，認知・感情経験の濃縮パックされた小片としてみているのである。それらは，Clの認知・感情スキーマに直接的に連結しているからである。つまり，夢は問題のある態度やスキーマを判断する際に診断の助けになるということである。そして覚醒時での夢のテーマの追体験や再構築は，Clにとって治療的価値があるのである。

　また，寄稿者たちの見解が一致しない点もある。それは，ベックとフリーマンらは，Clの夢とかかわるスキーマを直接扱う方がよいと考えるが，ゴンサルブスとバルボーサらは直接的にスキーマを扱うのではなく，Clは夢の主観的・隠喩的な側面をもっと探索する方がよいと考えている点である。

2）「夢と白昼夢における認知パターン」(Beck, 1971, 2002 "Cognitive patterns in dreams and daydreams")

　ベックは「いくつかの夢が明快な願望充足であることは疑いがない。しかし，これはいつも起こるわけではない」とし，「夢の認知パターンが覚醒時での全生活に影響している」と述べている。

　Clの夢の事例として，ベックはあるピアニストのClが見た夢の例を次のように記載している。

私はピアノのリサイタルを行う予定であった（彼女は実際上手なピアニストだった）。私はリサイタルに遅れて到着した。約1時間半遅れた。私はピアノの前に座った。私は楽譜が見つからなかった。私はとにかく弾き始めた。それから，私はまちがったキーを叩きはじめた。私は記憶をたよりに曲を弾こうとした。けれど，私は本当にそれを思い出すことができなかった。私は自己嫌悪に陥った。すべての人は私に愛想をつかしていた。私はピアノの前から立ち上がり逃げ出した。

　Cl が逃げ出したわけは，上記の夢をもとに次のように理解される。すなわち彼女は「まちがったキーを叩いたり，譜を思い出すことができなかったり」という大したことのない問題を，「すべての人は私に愛想をつかしていた」というように誇大視したため「逃げた」のである。
　ベックはこのような公式を患者と話し合った。彼女もそれが当たっていると思った。それらを支持する事実が，彼女のその後の行動から引き出された。後に彼女がさまざまの活動や人間関係のなかで頑張り抜くことを決心したとき，彼女は自分の振る舞いから，うまくいく手ごたえを得始めた。自分自身を無力な，好ましくない人として見る彼女の見方・考え方が変わり，彼女はさらに成功を期待し始めた。専門用語で言うなら，自分自身とその未来に対する彼女の認知的評価がネガティブからポジティブに変化したのだと，ベックは述べている。

3）「夢と夢イメージ，認知療法における夢の使用」（Freeman & White, 2002 "Dreams and the dream image: Using dreams in cognitive therapy"）
　フリーマンらは，認知行動療法の文脈において，夢とイメージの使用について論じている。
　認知モデル（認知の特徴的なパターンに関する理論仮説）は，夢見者を特異な（idiosyncratic）ものとみなし，夢を覚醒状態と同じように，認知の歪みに支配されている自己，人生体験，未来（ベックが認知の三徴と名づけ

た) についての患者の見方・考え方の劇的表現であるとした。夢の素材が認知の三徴を反映したものとするなら，夢はまた患者の認知の歪みをこれらの3領域に対して具体化したものと言えるだろう，と彼らは言う。

彼らは，認知行動療法の文脈で夢を使うガイドラインを，以下のように定めている。

1. 夢は象徴的な言い回しよりも，むしろ主題において理解される必要がある。
2. 夢の主題内容は夢見者にとっては特異なもので，夢見者の生活の文脈の範囲内で，総合的な見方をされなければならない。
3. 夢の特有の言語とイメージは意味を明らかにする上で重要である。
4. 夢に対する情緒的反応は覚醒状態における夢見者の情緒的反応と同じように見られる。
5. 夢の長さは内容ほどには重要ではない。
6. 夢は夢見者の生産物で，夢見者に責任がある。
7. 夢の内容は自動思考と同じように認知の再構成がしやすい。
8. 夢はセラピーにおいて行き詰まったときに用いることができる。
9. 夢の素材は患者のスキーマを反映するだろう。
10. 夢はセラピー全体のアジェンダ（議題）の設定セッションの一部として扱う必要がある。
11. 夢の収集や記録のためのシステム作りを奨励する。
12. 患者はネガティブな，または不適応的な夢のイメージを，より機能的かつ適応的なイメージに再構築できるようになる。
13. 患者は夢をまとめ，夢から結論を引き出すだろう。
14. 適切な夢のイメージは，セラピーにおいて簡略した表現として使われる。
15. 夢の内容の収集と分析は，面接の後，宿題（認知療法では日常生活が治療の場となるので，治療セッションの後でClに課題が与えられる）として使われる。

夢はClの特異的な認知パターンや意味を得るための役に立つ近道として機能するかもしれない，と著者は述べている。

4）「反応性の夢から先取りの夢へ，認知‐物語・夢マニュアル」

（Gonçlves & Barbosa, 2002 "From reactive to proactive dreaming: A cognitive-narrative dream manual"）

ゴンサルブスとバルボーサは，認知‐物語アプローチの立場から先取り（proactive）の夢の方法論を提案している。彼らは，次のように認知‐物語・夢マニュアルを作成した。

まず，Thが夢ワークの治療目的を示すことによって始まる。

第1段階として，セラピー・セッションのなかで使うために，夢を思い出させる。

第2段階では夢を客観視する。Clは夢に現れた視覚，聴覚，嗅覚，味覚，身体的な感覚を探究することを求められる。

第3段階は感情面において夢を主観的に解釈する。

第4段階は認知面で夢を主観的に解釈する。その方法は，先述した感情と関係のある思考を同定し，この思考について自由連想をしてもらうのである。

第5段階は夢の隠喩化（metaphorizing the dream）である。その方法は，まずClにエピソードの意味を隠喩的に凝縮したタイトルをつけてもらう。次に夢とタイトルの間の関係を詳しく述べてもらう。そして別の観点を仮定し，別のタイトルを思いつくか尋ねるのである。最後にClにもう一度，夢と覚醒生活での主題との関係を同定してもらう。

第6段階は夢の投影（projecting the dream）である。この段階の目的は，Clが元の夢とは別のもの（alternative）として，見たいと思う夢を展開させるように試みることである。

夢に対する認知‐物語アプローチは，次のことによって夢の体験の弱点部分を強化し，克服しようとする。①感覚・感情および認知的体験のレベルを

広げることにより，夢見者の創造性を強化する。②夢見者が夢物語に対して意味のある首尾一貫した物語を構築するのを助ける。

このように，彼らは夢および覚醒時の体験の双方の質を高めるため，先取りの夢の方法論を提案しているのである。

2．認知療法における夢の意義

上述した論文では，今まで認知療法で無視されてきた無意識領域のテーマが取り上げられている。そのなかで，認知療法の枠組みで夢を扱うさまざまな見方を提示している。ベック（Beck, 2002）やフリーマンら（Freeman & White, 2002）は「Clの夢内容のテーマは，覚醒時の認知の歪みを反映している」としている。そのためフリーマンら（2002）は「疾病とかかわっている認知の歪みを理解するために，夢はClの特異的な認知パターンや意味を得るための近道として機能する」と示唆している。さらにベック（2002）は「夢は不適応的スキーマの生体組織検査の一種として機能し，診断に役に立つ」としている。まとめれば，夢の中に認知パターンを見いだし，そこから不適応的スキーマを同定するなら，夢は認知療法における診断の役にも立つということであろう。

従来の認知行動療法のやり方では，スキーマを同定するのに多大な労力と時間を費やしているのに対して，そこに夢が加われば，一つの夢からでもスキーマを同定することも可能になるだろう。そうなれば，スキーマに焦点を当てる治療法（Young, 1990）の手段の一つとなり得ると思われる。スキーマに焦点を当て，その改変を目指す治療法はパーソナリティ障害（Beck et al., 1990）などの障害の治療に実践されている。また，そのような治療法は障害の再燃・再発の予防に役立つとされている。夢の認知パターンからスキーマを同定することができれば，スキーマの改変を目標にする治療法の可能性がもっと開かれるものと思われる。ここに，認知療法家が夢を扱うことの意義があると言えるだろう。

そのように考えると，認知療法という意識レベルのことを扱う心理療法に

夢・箱庭・コラージュ・描画などのイメージ表現という無意識からの見方を取り入れれば，認知療法の扱う問題の範囲が広まり深まる可能性は大きく，今後の発展が期待される。

3．認知療法と従来の夢分析との共通領域

　夢分析はフロイト（Freud, 1900）が始めたものである。彼は，夢はある抑圧された願望の充足であり，夢分析の意義は夢の背後に隠された願望を見つけ出すことにあるとしている。一方，ユング（Jung, C. G.）は，夢の機能のもつ最大の意義は意識に対する補償作用であるとし，夢自体を一つの現実として夢そのものを大切にしなければならないと主張した。河合（1967）は，ユングの夢分析でなされるように，夢を意識と無意識の相互作用におけるものとしてみている。

　このように，従来の心理療法での夢分析は，Cl の無意識のイメージを治療的な文脈のもとで見ていく方法である。一方，認知療法で扱うのは意識の世界の言語表現である。そこに共通領域は見いだしうるであろうか。

　ベックは「言葉からイメージへ変化していくように，人間は自動思考から白昼夢，薬物による幻覚，夢へと達する連続を体験している」（Beck, 2002）としている。これは認知療法と従来の夢分析に共通の領域があるということを示唆するものと思われる。またベックは「自動思考はフロイトが前意識と呼んだものと，たぶんほとんど類似のものだ」（Beck, 2002）としている。

　認知療法において自動思考を扱う場合に，意識または前意識レベルのイメージを言語化する。しかし，スキーマを扱うようになると，意識レベルだけではなくて，前意識または無意識レベルのイメージが言語化に影響を与えると考えられる。

　以上のことから，意識レベルにおける自動思考より基底にあるスキーマは，自動思考と共に認知療法において重要な役割を果たすと考えられる。そしてスキーマで扱う領域は，従来の夢分析で扱う領域と少なくとも部分的に共通であると考えられる。

4．認知療法と従来の夢分析での夢の扱いの違い

　認知療法と従来の夢分析での夢の扱いにはどのような違いがあるのだろうか。認知療法では，ベックが「夢の認知パターンが覚醒時の全生活に影響している」(Beck, 2002) と述べているように，夢を覚醒状態と同じようにみている。さらにフリーマンらは「夢を，覚醒状態と同じように認知的歪みに支配されている自己，世界，未来についての患者の見方・考え方の劇化したもの」(Freeman & White, 2002) とみなしている。つまりベック (2002) も言うように，認知療法において，夢は意識からのメッセージを含み，生育歴からはぐくまれてきた認知・感情スキーマにかかわりのあるイメージも表現していると考えられる。
　一方，従来の夢分析の文脈における夢は，前述したように，意識に対する無意識の役割を非常に重要視しているのである。たとえばユングは，夢を，意識を補償する無意識からのメッセージとして扱うのであり，それらを通してセルフ（ユングによる自己）が全体性へと統合され，個性化の過程を目指していくとしている。つまり，認知療法では覚醒時と同じように夢を扱うのに対して，従来の夢分析では無意識からのメッセージとして夢を扱っているところに大きな違いがある。

5．夢から箱庭療法へ

　認知療法と従来の夢分析での夢の扱いの違いはあるにせよ，認知療法に夢を活用することの有用性が示された。夢をイメージ表現の一つと考えると，夢以外のイメージ表現も有効であると思われる。そして，むしろ夢に代わるイメージ表現としての箱庭療法を活用することが有効ではないかと考えた。そこで，本研究では Cl と Th が，夢よりもイメージ表現されたものを客観的に共有できるものとして箱庭療法を活用することにした。箱庭療法は，まずCl と Th が箱庭作品という共通のものを媒介にして「今，ここで」の感覚を

持てるのである。特にこの手法では，Cl が主人公になったつもりで五感を働かせて箱庭作品のなかに入り込み，さらに感情と思考を言語により意識化しようと試みる。夢を見ているように箱庭を体験している人が Th の目の前にいて語るのである。その同じ時と場所で Th も同時に Cl と同じものを見ているわけである。箱庭療法において，夢よりも一層「今，ここで」を Th は感じることができるのである。

第3節　イメージ表現と認知療法

1．イメージ表現としての箱庭療法

　イメージ表現とは，意識と無意識の接点に生じてくるイメージを表現したものを指すが，本書では主に箱庭の作品に表現されたイメージであり，箱庭療法という心理療法として確立しているものである。
　箱庭療法とは，Cl が木製の砂箱にさまざまなミニチュアを置いて，いわば内的な世界を表現する技法である。スイスのカルフ（Kalff, 1966）が考案したもので，イギリスのローエンフェルド（Lowenfeld, M.）の世界技法にユング的な考え方を取り入れて箱庭療法として開発した。カルフ箱庭療法を日本に導入した河合（1969）は，Cl がカルフの言う「自由にして保護された空間」のなかでつくった箱庭作品を Th と共に味わい，象徴体験をするだけで治療が進んでいくと述べている。
　一方，Th は Cl が箱庭に表現したイメージから筋を読み Cl の心理的課題を把握しながらも，黙って見守っているわけである。その後，岡田（1984），山中（1999），木村（1985）が箱庭療法を発展させてきた。カルフ箱庭療法から，三木ら（1991）は自己啓発のための箱庭療法を考案している。三木の方法から，岡田（1993）・東山（1994）は物語法を発展させた。

2．認知療法

　認知療法はベック（1976）によりうつ病の治療法として考案された。その後，うつ病や神経症の治療に用いられてきたが，最近はパニック障害，摂食障害，パーソナリティ障害，薬物依存，統合失調症などに適用の範囲が広がりつつある。

　認知療法の一般的プロセスでは，まず日常生活での自動思考を特定する。認知療法ではこの自動思考における認知の歪みを特定し修正する。Th はソクラテスの問答法にならって，くり返し Cl に問いかける。定石の質問を例に挙げると，認知の同定には「今，あなたの心にどんな思いがこみあげているのでしょうか？」，認知の検証には「そう考える根拠は何でしょうか？」，認知を修正するときの質問は「別の見方はないのでしょうか？」などである。

　この段階で，認知が変わることで行動も変わり，現実適応ができ，主訴が消え終結する場合もある。しかし，それだけでは良くならない場合や，症状が再発をする場合には，自動思考よりも基底にあるスキーマの修正をしなければならない。

1）認知モデルの構成概念
①自動思考
　自動思考とは，理性とか理論の産物ではなく，何の前触れもなく思いつくもので，その場その場で自然に自動的に浮かんでくるイメージである。比較的，表層の思考である。

　うつ病者の自動思考の例としては，「私は弱い人間だ」「私は負け犬だ」「だれも私のことをわかってくれない」「世の中が嫌になってしまった」「私には希望がない」などで，うつ病者が自分自身，他者，自分の世界・自分の体験，自分の未来・将来を否定的・悲観的に考えていることを示している。

②認知の歪み

　一般に，うつ病者の示す否定的な自動思考には，論理的にみて不合理な点が認められる。この論理的な誤りを認知の歪みと呼んでいる。たとえば「何もかも私が悪いのだ」「何一つとして思ったようにうまく運ばない」という自動思考には，自己関係づけや過度の一般化といった認知の歪みが見られる。

③スキーマ

　スキーマは自動思考の基底にあって，より恒常的な，その Cl に特徴的な認知で，幼少期の Cl の体験から形作られる。何らかの出来事を契機として起こり，自動思考を生じさせる基礎となる。信念，規則，規範，生活信条とも呼ばれるものに当たる。たとえば，うつ病者に特有のスキーマとして「私なんか存在する価値がない」や「私なんか生きていても仕方がない」などの考えである。

　「スキーマ」という術語について「『スキーマ』『規範』『基礎的信念』が，多かれ少なかれ互換的に使用されている。厳密に言えば，『スキーマ』とは経験や行動を組織化する認知的構造のことである。一方，『信念』や『規範』はスキーマの中身を意味しているので，思考，感情，行動の内容を規定することになる。自動思考のような現象はスキーマの産物と考えられている」(Beck et al., 1979)。ここで用いるスキーマという語は入れ物のような構造とイメージされ，入れ物の中身が中核的信念，条件付信念，道具的信念などを含んだ信念や規範である。

　認知療法ではスキーマという単語を信念の代わりに使っていることがあり，その区別は明確でないところもある。ベック自身は，スキーマと信念の区別は明確にせずに使っており，さらに中核的信念の代わりに中核的スキーマという術語も出てきている。このようなことから，本書では，スキーマという術語にはその中身の信念も含めてスキーマと記述することにした。

　本書では，否定的な中核的信念を含めて「不適応的スキーマ」とし，バランスのとれた適応的な中核的信念のことを含めて「適応的スキーマ」と記述する。

2）スキーマの同定と修正法
①下向き矢印法
下向き矢印法（Burns, 1980）は，心の表層の思考である自動思考の持つ意味を次々と探ることによって，それより下層の基底の認知であるスキーマを同定するための方法である。

スキーマの修正は自動思考の修正と同様にソクラテスの問答法でなされる場合もあるが，以下のような別の技法を用いる場合もある。

② PDL 法
バランスのよいスキーマを発見するのはソクラテスの問答法によるが，スキーマの修正はポジティブ・スキーマの証明を増やすことによる。適応的スキーマが活性化するさまざまな状況を Cl に気づかせ，適応的スキーマを強化し，不適応的スキーマによって起こる偏った情報処理を修正させる。PDL 法（Padesky, 1994）は Cl がバランスのよいスキーマを強化する手助けをし，Cl がスキーマによってもたらされる情報処理の偏りに気づき，克服するのを助ける。

ポジティブ・スキーマとネガティブ・スキーマの間にバランスがとれるようになるかバランスのよいスキーマが見つかると，Cl は問題に対処できるようになってくるのである。

③認知プロフィール法
認知プロフィールは，「事例の概念化」（case conceptualization）を図示したものである（Beck, et al., 1990；井上，1996）。「事例の概念化」とは，スキーマ，認知の歪み，自動思考を各事例について特定し，これらを不適切な感情や行動と有機的に関連づける作業である。ベックら（Beck, et al., 1990）は「事例の概念化」について，認知療法の重要な要素であり，認知プロフィールについては「セラピストが障害を理解し治療を促進するのを助けるのが認知 - 行動 - 感情プロフィールである」と述べている。

認知プロフィールを作成するに当たって，Th は不快な感情の起こる状況，そのときの自動思考，それから推測されるスキーマを図示する。必要があれ

ばスキーマを中核的信念，条件付信念，道具的信念に分ける。不快な状況での自動思考と感情，中核的信念が同定できれば，最小限の図を描くことができる。

　筆者は，比較的軽症の対人関係の不安や葛藤を訴える青年期女性の事例報告を通して，Cl の認知・行動・感情様式を示す認知プロフィールの作成方法と共に，その診断的・治療的意義について論じた（大前ら，1997，2003）。それにより，認知プロフィールはスキーマの修正を目指す治療の手段として有用であることが明らかになった。

第2章

認知物語療法の実際

第1節　認知物語療法の目的

　認知療法では，不安やうつ病などの再発・再燃やパーソナリティ障害のクライエントに，夢を使ってスキーマを取り出し，スキーマの改変をめざすことは，治療に役に立つと考えられている。ここでは，Cl と Th が，イメージ表現されたものを，その場で客観的に共有できるものとして，夢よりも箱庭療法を活用する方が有効であると考えた結果，夢の代わりに箱庭を用いた。
　箱庭療法の観点からすると，Cl が箱庭療法においてどのような体験をしているのか，認知的に解明している例はあまりないので，箱庭療法がなぜ効果があるのかをも解明する一つの方法になるだろう。

目的 1
箱庭療法に認知 - 物語アプローチを導入することにより，心理的課題のより効果的な生成とその達成の促進を目指すこと。
　(1)　「箱庭療法において認知 - 物語アプローチを用いた心理的課題の言語化」のための技法の開発を試み，その効果について考察すること。
　(2)　箱庭療法に認知 - 物語アプローチを導入することにより，心理的課題の達成が「促進」される要因を解明すること。

目的 2
認知療法の観点からすると，スキーマを修正する方法にもなる新しい試みを検討すること。
　(1)　箱庭をつくるたびに心理的課題を考えることは，適応的スキーマの活性化または発見強化とほぼ同等のものである。
　(2)　ネガティブな自動思考やスキーマを明らかにしなくても，適応的スキーマを発見・強化できる可能性がある。
　(3)　適応的スキーマを発見・強化することはスキーマの修正になる。

目的3

現実とのつながりを持ちながらイメージ表現がどのように展開していくかを,事例を通してみていき,内面化への歩みと現実適応との関係について報告しながら,このアプローチの有効性について考察する。

第2節　認知物語療法の方法

1．箱庭療法における認知‐物語アプローチの導入

認知療法における最近の発展（大前,2005）では,夢を取り上げる技法も開発されている。夢も箱庭と同じように無意識からのメッセージ（不適応的スキーマを含むもの）が表現されたものととらえることができるだろう。

本研究では,認知療法における夢を使ったアプローチのなかでも,スキーマを比喩的主観的にとらえて,その変化を先取りする形で促そうとする,ゴンサルブスら（Gonçlves & Barbosa, 2002）の「反応としての夢から先取りとしての夢へ——認知‐物語・夢マニュアル」("From reactive to proactive dreaming: A cognitive-narrative dream manual") を参考にして,本研究で用いた「箱庭療法における認知‐物語アプローチ」（Sandplay Therapy introducing cognitive-narrative approach. 後出参照）を作成した。

⑴　導入：Th はまず,一般的なカルフ箱庭療法（Kalff, 1966）と同じやり方で Cl を箱庭制作に導入する。Cl がつくり終わると,Th は一緒に作品をながめ味わい,Cl の感想を聞く。
⑵　箱庭療法に導入した認知‐物語アプローチ：箱庭制作への導入の後,Th は Cl に認知‐物語アプローチの6段階に従って質問をし,Cl がそれに答える。約10セッションの後,6カ月後にフォローアップを行う。

ゴンサルブスら（Gonçlves & Barbosa, 2002）の「認知‐物語・夢マニュ

アル」の6段階のテーマは，①思い出して主人公を同定し，その場面を物語ること，②客観的に解釈すること，③感情的に主観的解釈を行うこと，④認知的に主観的解釈を行うこと，⑤比喩化すること，⑥投影すること，である。

ここでは，夢に対応する箱庭用として，以下のような6段階をオリジナルに設定した。

第1段階　主人公の同定と物語
目的：作成過程を想起し，主人公の同定を行う。
方法：Clに以下のことを促す。
　①自分のつくった箱庭を目の前にして，作成過程を思い出す。
　②この箱庭の主人公を同定する。
　③この箱庭で展開されている物語を詳しく述べる。

第2段階　主人公の感覚を探究する。
目的：主人公の感覚，すなわち，視覚（光景），聴覚（音），嗅覚（におい），味覚（味），身体感覚を同定する。
方法：Clに「主人公にはどんな世界が見えるのですか，どんな音が聴こえますか，その他，においや味や肌触りや痛み，だるさ，清々しさなど，主人公が感じていることがあれば話してください」と尋ねる。

第3段階　主人公の感情を探究する。
目的：主人公の感情を同定する。
方法：Clに「主人公はどんな感情をいだいていますか。たとえば，喜怒哀楽などのように，詳しく話してください」と尋ねる。

第4段階　主人公の思考と認知を探究する。
目的：主人公の感情体験と関係するさまざまな思考や認知を同定する。
方法：Clに「主人公は，そのような感情が心に浮かんだとき，どのようなことを思っていますか」と尋ねる。

第 5 段階　主人公の心理的課題を同定し，箱庭作品と現実生活の関連を探究する。

　目的：Cl の箱庭を，現実生活の葛藤の象徴的表現としてとらえられるかどうか調べる。

　方法：①「箱庭作品にタイトルをつけてください」と言う。

　　　　②「この箱庭世界のなかで主人公の課題は何でしょうか」と尋ねる。

　　　　③「主人公がこの世界で体験していることと，あなたが現実世界で体験していることとの間に，共通性・類似性がありますか」と尋ねる。

第 6 段階　Cl の心理的課題を措定する。

　目的：第 5 段階の方法②と③を参考にして，Cl 自身の心理的課題を考えてもらう。

　方法：①「この作品を見て，あなたがこれから取り組もうとしている心理的課題を設定できるとしたら，どんなことがあるでしょうか」と尋ねる。

　　　　②「その課題は現在どのくらい達成できていると思いますか」と尋ね，その課題の達成度を 5 点満点で評価してもらう。

　　　　③各回ごとのフィードバック：各回の終わりに，前回までの心理的課題の一覧表を見せて，「その課題は，現在どのくらい達成できていると思いますか」と尋ね，全項目について評価得点を 0 点から 5 点までつける。得点が高いほど心理的課題が達成されたことを示す。

　　　　④全体のフィードバック：終結の後，全回を通してフィードバックする。

2．認知物語療法の質問紙

以下に質問紙の見本を参考に掲載する。

Sandplay Therapy
introducing cognitive-narrative approach

名前（　　　　　　　）

制作年月日（　　　　　　　　　　　）

Ⅰ　作成過程と主人公の同定

　自分のつくった箱庭を目の前にして，作成のプロセスを思い出す

1．「作成のプロセスを言ってください。最初に何を置きましたか？　今あなたが思う順番が正しいのです。たとえ記憶があやふやでも，今あなたがそうだと思う順番を言ってください」

2．「この箱庭の主人公は？」

3．「この箱庭で，今起こっているのはどんなことですか？
　　どんなことが起こっているのか，話してくれませんか？
　　どんな状況なのですか？　主人公のお話をつくってください」

Ⅱ　主人公の感覚について
「主人公になってみてください」
1．「主人公にはどんな世界が見えるのですか？」

2．「主人公にはどんな音が聴こえますか？」

3．「その他，においや味や肌触りや痛み，だるさ，清々しさなど，主人
　　公が感じていることがあれば話してください」

Ⅲ　主人公の感情について
「主人公はどんな感情をいだいていますか？　喜怒哀楽を中心にして，うれしかったこと，怒ったこと，悲しかったこと，楽しかったこと，あと不安だったり落ち込んだり嫌な気分だったりしたこともあったら，言ってください」

Ⅳ　主人公の思考について
「そんな感情のとき，主人公はどんなことを考えていますか？　主人公の頭をよぎる考えはどんなことでしょうか？」

Ⅴ　「この作品にタイトルをつけてください」

＊「この物語の主人公の課題は何でしょうか？」

Ⅵ 「主人公がこの世界で体験していることと,あなたが現実世界で体験していることの間に共通性・類似性がありますか?」

Ⅶ 「それをまとめて心理的課題とすると,どういうふうに言えるでしょう。思いついたら言ってください。
　　あなたが,これから取り組もうとしている課題があれば話してください」

① 「あなたの心理的課題は何ですか?」

② 「それは,今どれくらい達成できていると思いますか? (0は全く達成できていないことを,5は充分達成できていることを表すとすると,0から5までの間で,どのくらいかを書いてください)」

第3章

事例編：
箱庭療法に
認知−物語アプローチ
を導入した適用例

本章では，箱庭療法に認知‐物語アプローチを導入した適用例を紹介する。

対象は7人で，20〜22歳の女子学生（3，4回生）であった。面接の方法は一対一の対面法で，期間は約6カ月間，その間10〜11回の箱庭制作に当たった。日程は本人の希望により決めた。対象の7人は，事例A〜Gで示されている。

これらは，大学の臨床心理学系の授業で箱庭療法の実習を体験し，その後，継続的に箱庭制作を希望したケースである。

実施場所は，いずれも大学の心理教育相談室である。

ケースの記載は，原則として，各セッション（＃）の第1段階の「物語」だけを記述している。ただし，ケースAとFについては，＃1のみ全過程を記述した。

第1節　ケースA

1）事例の概要

女子学生A，21歳。母親との葛藤を抱えている。本人の希望で第2回から第7回までは毎日製作し，その後は月に1〜2回のペースで計11回の箱庭制作をした。1年後に，フォローアップ面接を実施した。

2）面接過程

〈＃1〉　写真A-1

（このセッションのみ第1段階から第6段階までの全過程を記述する）

第1段階

【作成過程の想起】　①左上にびっしり樹の繁った森。②森の中には黒いウ

写真A-1　船がやってきた

【主人公】男の子

マ，ライオン，サル，クマ，ウサギなどの動物，神社の社。③囲いの中には女の子と家畜のウマ・ヒツジ・イヌ。④右上のあたりは農園にいるお母さんと男の子。⑤花とりんごの木。⑥川には，船。⑦真ん中の水色のビー玉は，水溜り。⑧畑仕事をしているおじいさんとその孫の男の子。⑨白馬と十字架。⑩橋。⑪右の農園。⑫左下に家々。⑬下側のウマ2頭。⑭橋を渡っているおじいさん。

【主人公】　男の子。

【物語】　突然船が来て，お迎えの準備をしている。村人たちはうれしいような，田畑を耕しているときに来られても困るなあといった気持。普段，外から人が来ない村だけど，年に1回か2回，ビッグイベントがある。明るい村だけれど，奥には森がある。そこは神秘的で変なところ。森の面積は狭いけれど，この森が鍵となる場所で，外の世界に影響する。黒いウマはモンスターチック。主人公の男の子は「これから僕が一番最初に船の中を探検してやるぞ。たまに女の子を誘ってやるかなあ」と思っている。女の子はもらわれてきた子だけど，妹同然。女の子の両親は早くに亡くなっている。森は通

過儀礼をする場所で神聖な場所。ある年齢になると，こっそり行くところ。男の子はまだその年齢に達していないけれども，そこに行きたいと思っている。ただ，今は船の方が気になっている。

第2段階

【主人公の感覚】　船，手前の2頭のウマがお迎えに走っているのが見える。船の汽笛（ポーッという音）。ウマがタッカタッカと走っている音が聞こえる。お母さんが男の子と女の子に「あなたたち何してるの？」と声をかけている。2人はビックリしてドキドキしている。

第3段階

【主人公の感情】　うれしい。残念。

第4段階

【主人公の思考】　（うれしい感情のとき）早く船を見たいなあ。（残念な感情のとき）今日は，こっそり森に行こうと思っていたのに，予定が狂っちゃった。別の日を見つけて行けばいいや。森に行く日はみんなの目が自分に向いてない日がいい。今，みんな畑仕事で忙しい時期だからこっそり行けそうだったのに，惜しいことをしたなあ。

第5段階

【タイトル】　船がやってきた

【主人公の課題】　森へ行って，モンスターを手なずけて，大人として認められること。

【主人公と作者の類似性】　子どもっぽいところ。男の子はまだ子ども。私の中にも子どもの部分はある。男の子は明る過ぎるくらい明るい。

第6段階

【作者の心理的課題】　大人になること。

〈#2〉　写真A-2

（このセッション以降は物語のみ文章で記述し，タイトル，主人公の課題，作者の心理的課題は40-43頁の表1で略述する。）

【物語】　仙人はフクロウの師匠に言われて，現実の世界を見に来た。右側の世界の人は左側の世界の人からは見えていない。仙人は下界を斜め上から

写真A-2　村と化け物

見ている。アンコウの化物が現れて、村人たちは困り、男の子は船に乗って化物退治にでかける。

〈#3〉　写真A-3
【物語】　いつもの朝、シスターが田舎（左側）から都会（右側）へ仕事に行こうとしている。田舎と都会とは仲が悪い。田舎の人はネイティブ・アメリカンや小人と共存して暮らしている。都会の人はそういうものに差別的。唯一シスターは、都会と田舎が仲よくしなければいけないと思っている。都会の人たちは、こんな野蛮な人たちとつきあってはいけない、忙しいのにつきあっても百害あって一利なし、と思っている。

〈#4〉　写真A-4
【物語】　カヌーで赤ん坊とお父さんが漁に出たら、サメが襲ってきて船が転覆した。赤ん坊だけ浮いて助かっている。男の子は村を守る女神様に「赤ちゃんを助けてくれ」と言うために、「早く女神さんに会わしてくれ」と使者に頼んでいる。男の子はいらいらしながら「何でわかってくれないの。赤ちゃんがサメに食われちゃったらどうしよう」と思っている。

34　第3章　事例編：箱庭療法に認知-物語アプローチを導入した適用例

【主人公】シスター

写真A-3　町と田舎

【主人公】男の子

写真A-4　サメの襲来

写真 A-5　闇と光

〈#5〉　写真 A-5
【物語】　お坊さんが日本全国を旅して遠くからやってきた。結界を張り，霊力で自分を守りながら「この村，危ないのと違うか？」と危惧している。右側の村人の抑圧した思いが左側の妖怪になる。

〈#6〉　写真 A-6
【物語】　2～3時間前に火山が爆発。三宅島みたいなイメージ。溶岩が流れてきて，ふもとの人も危ない。人間はみんな助かる。山の方の動物たちは噴火の溶岩で死亡。人間はペットや家畜に謝っている。主人公は地元の警察官。中年の男性で地元を愛している。彼は，予知できない災害が起こってショック。この先どうなるか先が見えないことを不安に思っている。

〈#7〉　写真 A-7
【物語】　森の中のサーキットでレースをしている。運転手の車は1度クラッシュしそうになったので，メンテナンスに入り，これからレースに戻りスタートしようとしているところ。彼はともかく「走りきるんだ」と思うようにしている。森の動物もレースを見にきている。

【主人公】島のおまわりさん

写真A-6　島の噴火

【主人公】運転手

写真A-7　サーキット

写真 A-8　出王国

〈#8〉　写真 A-8
【物語】　国が天災で壊れてしまって，王女（ナウシカのような少女）は人々を連れて塔の国に移動している。移動してよいのか，不安に思っている。砂漠なので化物（大きいヘビ）が出るかもしれないので，迂回をしていかなければならない。インディアンの護衛を雇っている。

〈#9〉　写真 A-9
【物語】　聖なるウマが住んでいる山。白いウマは聖なるパワーが強い。悪い王様ご一行が聖なるウマを撃った。白いウマは火の鳥みたいなもので，白いウマの血や毛にパワーが宿っている。男はそれを取るために命令を下されて撃ちにきた。白いウマは死んだ。この地域を守っている女神様とそのお付きの黒いウマは，ペアーの白いウマが死んでしまって嘆いている。場所と時代は西部開拓時代のグランドキャニオンのようなイメージ。主人公の鉄砲を持っている男の人は「やった」という達成感と，「本当にこんなことをしてよかったのか。神聖さを汚してしまった」という不安感の両方の気持がある。

38　第3章　事例編：箱庭療法に認知‐物語アプローチを導入した適用例

【主人公】鉄砲を持った男

写真A-9　白馬銃殺

【主人公】男の子

写真A-10　砂の島

〈#10〉 写真 A - 10
【物語】 「砂の器」のドラマからの連想。旅をしている親子。父親は詐欺師。この親子は村八分にされ，傍の海岸でボーッとしている。主人公の男の子は悲しい気持で「どこか遠くへ行っちゃいたい（厭世的な気持）」と思っている。

〈#11〉 写真 A - 11
【物語】 主人公は現代に生きている先住民の若い女性。奥地のトンネルを抜けたら，ジュラシックパークだった。その女性はペットのトラを連れていて，「あーら，ビックリ。こんな世界があったのね」と言っている。人間は（現在の人間とは）別の進化の過程をたどっているが，人間ほど進化していない（まだ爬虫類の段階），変な世界。妖精のティンカーベルが現れ，「人間も昔はこういうのが祖先だったのよ」と，呆然としている女性に進化の説明をしてあげている。

以上の面接過程を表1（40-43頁）としてまとめた。表の横一列には，第1

【主人公】先住民の若い女性

写真 A - 11　もう一つのジュラ紀

表1　認知‐物語アプローチの導入による全段階の記録表

A	主人公	主人公の感情	主人公の思考	タイトル
#1	男の子	①ワクワク	①早く船を見に行きたい。	船がやってきた
		②残念	②女の子とこっそり森に出かけようと思っていたのに予定が狂った。	
#2	仙人	憂えている	化け物退治を村人に任せるか自分が出て行くか，どう解決するか。	村と化け物
#3	シスター	①やる気まんまん	①資料をもとに町の人と話し合ってわかってもらう。	町と田舎
		②不安	②ネイティブ・小人を排除すると言い出されたらどうしよう。	
#4	男の子	①イライラ	①早く女神さんに会わせてくれ。何でわかってくれへんねん。	サメの襲来
		②不安	②赤ちゃんがサメに食われたらどうしよう。	
#5	お坊さん	あきらめ	この村が災いのないようになるため断絶しているものを何とかしなくてはならないが，この人たちには無理だろう。	闇と光
#6	地元の警察官	①ひどいなあ	①予想してなかったことが起こりショック。	島の噴火
		②不安	②先が見えない。	
		③安心	③人間に犠牲者が出ていない。	
#7	運転手	不安	もう一度クラッシュしたらどうしようと考えないようにする。	サーキット

主人公の課題	作者と主人公との類似性	作者の心理的課題
森へ行ってモンスターを手なずけて，大人として認められること。	子どもっぽいところ。男の子はまだ子ども。私の中にも子どもの部分がある。男の子は，明る過ぎるくらい明るい。	大人になること。
村人たちにすべてを任せるのか，自分がうまくこの場を収める手助けをするか，どのようにすればいいか考えること。	現実のバイト先での人間関係ではらはらしたことがあった。こんなんで大丈夫かなという憂い。	困っている状況で自分がうまく立ち回れること（行動しないことも含めて）。
ネイティブ・小人を排除しないで都会と田舎が仲良くなるようにすること。	わかってもらえるだろうか。息切れ（やる気があるのに予定が詰まって忙しい）。	自分のスケジュール管理をすること。
女神様も人間の願いを常にきいているわけではないので，いつも女神様に助けられていてはこの村のためにはならないことに気がつくこと。	現実に，帰宅が遅くなったときに母親に注意されたことに対してカーッときて「何でわかってくれへんの」と言ってしまい，その後，頭が痛くなった。「赤ちゃん」は自分の生まれたての課題。	自分の都合を言うばかりではなく，親の立場も理解する。
この村が災いのないようになるために，お坊さんはあまりにも断絶しているのを解くことをあきらめないこと。 村人はきたないもの（争うこと）を抑圧することの無理さに気づくこと。	断絶しているところが似ている。 自分は，外面の良い人間だ。外では愛想がいいが家では無愛想というように家での自分と外での自分が違う。	自分の気持に折り合いをつけること。
①負傷者を病院に送り届けること。②自分自身逃げること。③リーダーとして被災者の面倒をみること。	予想してなかったことが起こりショックで呆然としているところ。現実には，明日レポートを提出しなければならないのに，予定がありレポートの考察を書く時間がない。	予想に反して困難な状況に圧倒されているから，早く現実に戻ること。
うまく走りきること。	現実には，今日レポートを無事に提出すること。「事故」については，先日母親と言い合いになって頭が痛くなったことと類似している。	レポートを提出すること。

表1 (つづき)

A	主人公	主人公の感情	主人公の思考	タイトル
#8	王女	①不安	①もし，裏切られたら自分のせいで全員の命が奪われる。	出王国
		②希望	②塔の国でみんなが幸せにくらせること。	
#9	鉄砲を持った男	不安	神聖さを汚してしまった。こんなことをしてよかったのか。	白馬銃殺
#10	男の子	厭世的 失望	どこか遠くへ行きたい。	砂の島
#11	先住民の女の子	ボー然	こんな世界があったのね。信じられない。	もう一つのジュラ紀

段階の「主人公」，第3段階の「主人公の感情」，第4段階の「主人公の思考」，第5段階の「タイトル」，「主人公の課題」，「作者と主人公の類似性」，第6段階の「作者の心理的課題」を並べ，縦に11回分をまとめて一覧にした。第3段階の「主人公の感情」，第4段階の「主人公の思考」のところは，各「感情」に対する各「思考」が対応するように並べて記した。

3) 心理的課題の自己評価の変遷 (表2, 44頁参照)

心理的課題の自己評価では，評価得点を0点から5点までつける。1回目から最終回まで毎回につき，各課題項目で自己評価する。5点は，心理的課題が達成された評価得点を示す。このケースでは，各課題項目で評価得点は，5点には達しなかったが，全体的に徐々に上昇していった。

特に，#1「大人になること」(1→3.5)，#4「自分の都合を言うばかりではなく親の立場も理解する」(1→3)，#10「親も世間もうらまないこと」

主人公の課題	作者と主人公との類似性	作者の心理的課題
現実的な外的な面では国王の息子であるいとこ（赤ん坊の王子）を守って盛り立てること。（新天地へ行くと）決めたからには自分の判断に自信を持つこと。	主人公は，自分の判断に不安があるように，作者自身も進路の問題で自分の決めた進路に迷う気持がある。バイトで新人の子とうまくやっていけそうな期待はある。王女がみんなを引っ張って行くように，自分もバイト先で期待されること。	期待しすぎず，不安になりすぎず，やるべきことはやっていく。
やってしまったことは……	現実に母親と喧嘩して，ムシャクシャして蹴ったら鏡が割れた。コントロールが効かず抑えられなくて，やってしまった。	もう少し，自分の感情をちゃんとコントロールすること。
言及なし。	自分も少年と同じように親に対して違和感を持っている。	うらまないこと（親も世間も）。
こういう新しいものを見たので，人間のルーツについて考えること。自分はどこからきたのだろうと考えること。	私もこういうふうに年を重ねていくのかしらと思うような，ある女性との出会いがあった。	今まで出会ったこともない女性と出会い，その女性の考え方も取り入れながらやっていくことが私にとっての大人になることである。

（3→4.5）は上昇している。これらの心理的課題は最終回（#11）の課題に影響していることも考えられる。

4）1年後のフォローアップ

Clは大学院に進学するつもりだったが，就職試験を受けたら合格した。自分のやりたい仕事であったので，就職することにした。その後，赴任先が決まり，親元を離れることになった。親との関係の変化については，Clは「今まで生活ができていたのは，親がいたおかげだということがわかった。自分のことはやってもらっているのに，気がついていなかったことに気づいた」と述べた。最近，母親と大きな喧嘩をしたが，その後，母親は自分に気を使うようになった。来年は家にいないと思うと，自分も親に気を使うようになった。親に対する気持の中で，「親は完璧ではない」ということが腑に落ちてきた。

表2 心理的課題の自己評価

A	作者の心理的課題	#1	#2	#3	#4	#5	#6	#7	#8	#9	#10	#11
#1	大人になること。	1	1	1	1	1	0.5	1	1	0.5	1	3.5
#2	困っている状況で自分がうまく立ち回れること(行動しないことも含めて)。		4	3	2	2	2	2	3.5	4	4	4
#3	自分のスケジュール管理をすること。			2.5	1	1	0.5	0	3	4	3.5	1
#4	自分の都合を言うばかりではなく,親の立場も理解する。				1	0.5	0.5	0.5	1	0.5	0.5	3
#5	自分の気持に折り合いをつけること。					3	2	2	2.5	2	2.5	3.8
#6	予想に反して困難な状況に圧倒されているから,早く現実に戻ること。						1.8	1	4	4	2.5	3.8
#7	レポートを提出すること。							2	5			
#8	期待しすぎず,不安になりすぎず,やるべきことはやっていく。								3.8	3.8	4	4
#9	もう少し,自分の感情をちゃんとコントロールすること。									2	2	3.8
#10	うらまないこと(親も世間も)。										3	4.5
#11	今まで出会ったこともない女性と出会い,その女性の考え方も取り入れながらやっていくことが私にとっての大人になることである。											3.5

5）**考察（ケースA）** 深層の認知が表層の認知とつながっている例：
図1（156-157頁）参照

(イ) **認知‐物語アプローチの導入によるClの認知**（表1，40-43頁参照）

ここでは，＃1を例にとってセッションでの作業を再度提示する。

主人公の男の子（1段階）は，ウマのタッカタッカと走っている音を聞いて（2段階），うれしい気持（3段階）になり，早く船を見たいと思い（4段階），その一方では，女の子とこっそり森に出かけたかったのに（4段階），予定が狂って残念な気持（3段階）になる。この箱庭のタイトル（5段階）は「船がやってきた」で，川から新しいものがやってくるのである。

主人公は親元で平和に暮らしていたが，新たな出立の過程が始まろうとしている。ここでの主人公の課題（5段階）は「森へ行ってモンスターを手なずけて，大人として認められること」である。主人公の男の子とClは，「子どもっぽいところ」を持っていることで共通しており（5段階），このことから作者の心理的課題「大人になること」が導き出された（6段階）。作者の心理的課題は「大人になること」だが，そのために彼女は「森へ行ってモンスターを手なずけ」ねばならない。

こうして，Clの内的作業は箱庭に反映され，課題達成の物語として展開していく。以下にそのプロセスをたどってみる。

＃2では，モンスターのいた場所に母性のネガティブな部分を示唆するアンコウの化け物が現れる。＃3のシスターは，町の人にネイティブ・アメリカンのことをわかってもらい，ネイティブ・アメリカンや妖精が排除されないように奔走する。ここでは母性の肯定的部分に対する配慮が無意識的に働いていることがうかがえる。＃4では，赤ちゃんがサメに襲われている。Clの子どもの部分，あるいは自立しようとする部分が危機に瀕しているのだろう。物語のタイトルは「サメの襲来」であり，主人公の不安から導き出された思考は「女神さんに会って，赤ちゃんを助けてくれるように頼むこと」で，男の子はポジティブ・マザー（女神様）とネガティブ・マザー（サメ）の間を取り持つイメージであるが，その頼み方は直談判という，純粋ではあ

るが一方的なものである。

　それに対して主人公の課題は「女神様も人間の願いを常にきけるわけではないので，いつも女神様に助けられていてはこの村のためにならないことに気がつくこと」である。これは，女神さんの立場も考慮に入れた視点に転換している。そして，Cl自身の課題は「自分の都合を言うばかりではなく，親の立場も理解する」となって，むしろ母の気持を理解することである。

　ここで，Clの内部で認知が反転し，Clは自分中心の視点から女神様の立場，そしてさらに母親の視点で事態を把握することができるようになったのではないかと思われる。＃5でも，坊さんの視点から村人に移って，Cl自身の課題の自分に対する認知が変わって自己コントロールすることに気がついた。

　＃8のタイトルは「出王国」である。王女はかつて住んでいた田舎を離れ，新しい都会へ移動しなければならない。ネイティブ・アメリカンは旅の護衛をする。ネイティブ・アメリカンは，成人した守る人という良いイメージになる。

　＃9では，悪い王が聖なる白馬を撃つ。Clは，現実生活において母親との喧嘩中に鏡が割れたことを思い出す。そして，この主人公の男性と自分の類似性を見いだし，「感情のコントロールをちゃんとすること」を自己の心理的課題とするのである。ここでも，立場の柔軟な移動が行われる。

　＃10は「砂の器」からの連想である。ここでは主人公の息子は詐欺師の父親から逃れようとする。子が親の呪縛から自由になろうとするのだ。しかしここでも，作者の心理的課題は「親も世間も恨まないこと」となる。

　＃11の主人公は，現代に生きている先住民の若い女性である。彼女は奥地のトンネルを抜け出て，ジュラシックパークに現れる。ジャングルの中で，主人公は驚き呆然となっている。ネイティブの女性が妖精と強い動物を従えて，未来の世界に現れるのだ。土着的で母性的な世界をその身に内包しながらも，いまや新しい都市の中で男性的な強さも持つ女性として，彼女は生きていく。

　その課題は「新しいものを見たので，人間のルーツについて考えること。

自分はどこからきたんだろうと考えること」とも言える。このような時期に，現実生活の中で，彼女は「こういうふうに年を重ねていくのかしら」と感じるような女性と出会う。そして，「私にとっての大人になること」とは「このような女性の考え方も取り入れながら年を重ねていくこと」を意味するようになる。彼女は母親とは違う新たなモデルを得たのであろう。

フォローアップでは，内面の変化がより明確に認知されている。彼女は，♯4のころは，「自分の都合ばかりを言うのではなくて，親の立場も理解する」ということが，頭ではわかるけれども心まで届いていなかったと言う。しかし，その約8カ月後，母親と喧嘩して以来，それは，実感として身に沁みてくる。心理的課題として意識したことが，その後，現実化したのだろう。将来に対する認知も，当初は不安を伴っていたが，フォローアップの時点では，「今まで出会ったことのない人の考え方も取り入れていく」ことが実感できるようになったと述べている。外的現実では，この箱庭のセッションの後に就職が決まり，当初想定していなかったが，現実生活でも親元を離れて暮らすことになり，「大人になること」を実践することになった。

㈻　**Thにおける従来的見方**

川（無意識）から船がやってきた。内界に取り組もうとしているところだろう。囲いの中では女の子が動物と一緒にいる。女の子にはエネルギーはあるが，男の子と一緒に通過儀礼の場所であり神聖な場所である森（無意識）に出かけなければならない。この男の子はClの心の中で活動する男性像（アニムス）だろう。少女はもらわれてきた子である。義父母の元で平和に守られて暮らしていたが，アニムスの導きで，意識と無意識の統合による全体性を目指す個性化の過程が始まろうとしている。また，女の子は「もらわれてきた子」という話から，「見捨てられ」の経験の心の傷を癒すための過程の始まりという見方も成り立つかもしれない。

次の回には，モンスターが無意識の世界からやってきた。モンスターの置かれたところは，前回では森のあったところで無意識を表していると思える。自我が無意識に脅かされるというイメージとも思われるが，モンスターと見えたのはチョウチンアンコウで深海魚だった。これは，悪いものではな

く，自我意識とは異質な意識ともいえるかもしれない。

　その次の回は，「都会と田舎」という対立の構図で，意識と無意識の乖離が起こっている。田舎と都会とは仲が悪い。田舎の人はネイティブ・アメリカンや妖精と共存している。都会の人はそういうものに差別的。これは意識の偏った態度と思われる。シスターは，都会と田舎が仲良くしなければいけないと思っている自我のイメージ。

　4回目では，村人たちのいる無意識の世界の中でネイティブ・アメリカンの赤ちゃんがサメに襲われた。村人や動物はサメを追い出そうと協力している。サメの意味は，母親イメージであるが，ネガティブ・マザーとポジティブ・マザーに乖離して分裂していることである。赤ちゃん（新しい希望）がネガティブ・マザーのイメージのサメに襲われているとも見えるが，サメが赤ちゃんを海に投げ出したことで，赤ちゃんは自然界で生き抜く強さを身につけられるかもしれない。ネガティブな母親像が個性化のきっかけになることもあるという考えも成り立つだろう。

　男の子は，赤ちゃんを助けてくれるように女神様に直談判している。男の子のしていることは，良い面と悪い面の両面があると考えられる。サメは悪いものと思っていると実は，個性化のきっかけになるという良い面もあるかもしれないのである。

　その後，村人の怨念が妖怪となって抑圧されていたもの（5回目）が噴出したのか，火山の噴火が起こる（6回目）。火山の噴火は「生命の柱」のイメージで，「生と死」という生命の流れを司っている火の力を表しているとも思える。人間は逃げ延びたが，動物たちは死んでしまった。男の子がサメを殺してくれと願った（4回目）から動物は殺されたのかもしれない。人間は動物たちに謝ることしかできない。

　次の回では，森の中のサーキットが表現された。車がぐるぐると回って走っているサーキット場は中心化のイメージで，転回点を表していると思われる。動物たちが見に来ている。前回死んだ動物たちが生き返ったようにも見える。

　8回目，王女たちは，再生を目指して新しい世界にはいっていく。ネイ

ティブ・アメリカンはこのとき，護衛の役目として土に近く本能的な良いイメージとして登場する。

9回目，聖なる白馬が銃で撃たれる。アニムスの影の部分が現れたのだろう。白いアニムスを殺すこの事件は「イノセンスの死」をイメージさせる。このことによって，ダークなものを受け入れられるようになり，その後トンネルに入っていけるようになったとも思われる。

10回目は「砂の器」からの連想であるが，ここでは息子は詐欺師の父親から逃れようとする。子が親の呪縛から自由になろうとするのだ。また一方，「砂の器」の物語では，実の親に「見捨てられた」子どもは，自分を育ててくれたよい人だとわかっていて恩人を殺す。「見捨てられからの回復」という観点からすると，被害者だとばかり思っていた自分が加害者になることにより，見捨てざるを得なかった実の親の苦しみがわかり，親に対する恨み憎しみが消え，最後には親を許すようになるという見方もできるだろう。

そして，最終回，先住民の女の子がトンネルから出てきた。ネイティブ・アメリカンと同類の先住民の女性が妖精（精神性）とタイガー（動物性・本能性）を従えた大人の女性イメージとして現れた。初回では，少女のイメージだったものが，最終回には，精神性（妖精）と動物性・本能性（タイガー）を備え，先住民という土着性も取り込んでいる総合的に成長した大人の女性イメージへと変化していった。

第2節　ケースB

1）事例の概要

女子学生B，21歳。本人の希望で，月に1～2回のペースで6カ月の間に計10回の箱庭制作をした。

2）面接過程
〈#1〉 写真B-1
【物語】 空を飛んでいる鳥が箱の上方にいる。ウサギがしゃべっていて，川が流れていて，それぞれ動物たちがワイワイがやがや言っている。
〈#2〉 写真B-2
【物語】 ここは森の中，道にも木がいっぱい茂っている。家族で水飲み場へ降りてきたが，先客がいるので待っている。親子のサルが木に登ろうとしていたり，クマが赤い玉に興味を持っていたりする。
〈#3〉 写真B-3
【物語】 黄色のシャツの男の人は，休憩時間だけれどがんばって掘っている。親方は休憩中で，馬車の人としゃべっている。お互いに「ご苦労さん」と言い合って，親方は「今度一杯やろうよ」と言っている。馬車の人は「じゃあ，行ってくるわ」と出発する。

女の人たちも休憩中だから手を止めておしゃべりタイム。子どもはだるま

写真B-1 （タイトルなし）

【主人公】ウサギちゃん2匹

第2節　ケースB　51

【主人公】3頭のウマの家族

写真B-2　森の中

【主人公】親方

写真B-3　原石の発掘現場

をつくって遊んでいる。

〈#4〉 写真B-4

【物語】 いつもは工場の駐車場に車が並ぶのに，今日は休日なので空きが多い。学校（右下）には，クラブに遅刻してきた男の子がやってきて，学校に住みついているネコがいる。お母さんは買い物中。公園（右上）でおじいさんは読書中。車は走っていて，バスがバス停に停まっている。救急車は（下から上への道を）赤信号を右折しようとしているところ。

〈#5〉 写真B-5

【物語】 風が吹いて，砂漠に砂模様がついている。埋まっていたものが砂の動きから垣間見えた。砂漠の生きものはいつもの生活をしている。このおじいさんはだれかわからない。鳥がきたときにはおじいさんは立っていた。

〈#6〉 写真B-6

【物語】 文明化されていない，アフリカのワイルドな自然の中の血なまぐさい弱肉強食の情け容赦ない世界に，場違いなアメリカ人の家族が観光に来て，「ゾウだ，キリンだ」とはしゃいでいる。お金をいっぱい払えば特別に連

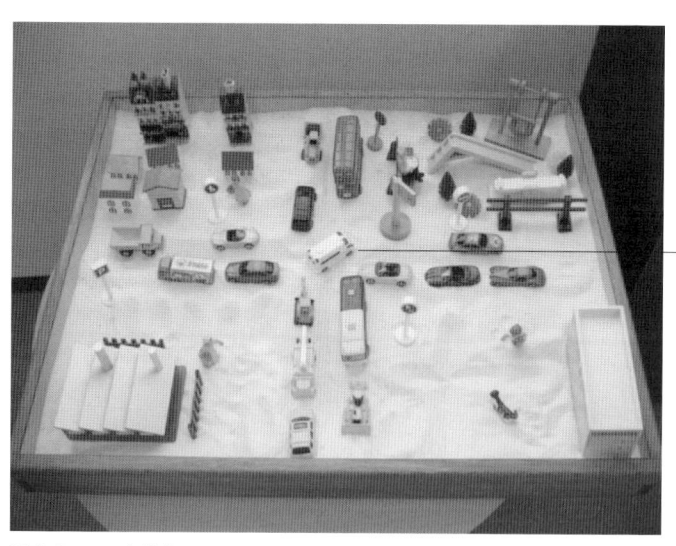

写真B-4　交差点

【主人公】救急車の運転手さん

第2節　ケースB　53

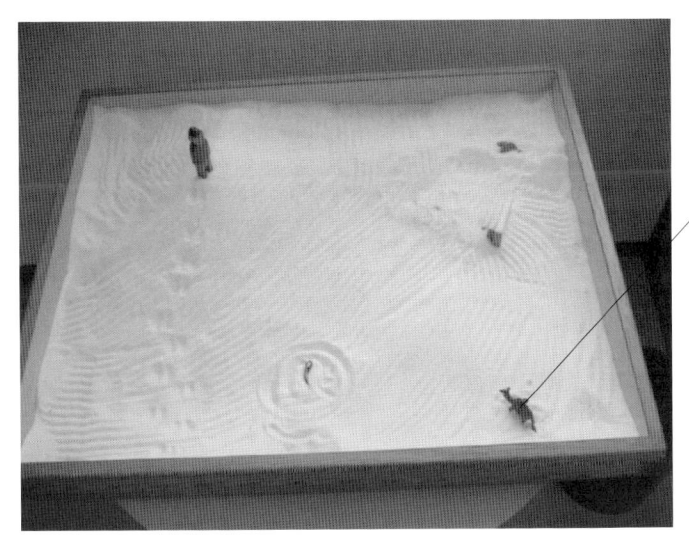

【主人公】鳥（ラクダの上の赤い石）

写真B-5　物語の始まり

【主人公】観光客の家族

写真B-6　自然対人間のおごり

れて行ってやろうというツアーで，人間の文明はジープだけ（屋根はあるけれど，エンストしたら終わりのような）。運転手は地元の人で，もしものときの準備はしている。

〈#7〉 写真B-7

【物語】 教会の式が終わって，みんなが外へ出てきたところ。作者は花嫁側の女の子。

〈#8〉 写真B-8

【物語】 家の上に電車が通っている（現実に環状線が家の上を走っている）。道路より2階を走るのが電車，地面に降りて走っているのは田舎の感じがする。左上は自然な感じ。右下は見知らぬ街（異国な感じのつもり），イヌは苦手で怖いので異国な感じで置いた。山は自然と都市の中間で，ちょっと観光地化されている。花が咲いている。頂上付近に宗教的なものがある（社，別に宗派にはこだわらない）。

次の場へというイメージで橋がある。

写真B-7　姉の結婚式

第 2 節　ケース B　　55

【主人公】汽車にのってる私

写真 B-8　原石を求める旅

【主人公】男の人

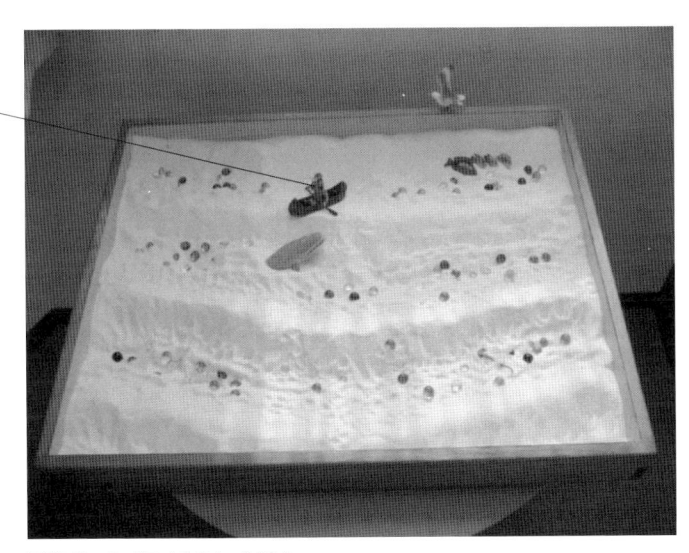

写真 B-9　海（人生）を行く

〈#9〉 写真B-9

【物語】 男の人がボートを漕いでいたら，クジラが出てきてビックリしているところ。クジラは悪いクジラではなく，単にすれ違ったときに出会った。男の人は「島」から，お金になる赤い玉を「国」へ運んでいる。航海中の食べ物も積んでいる。鳥（白い鳥）が何羽か高いところを飛んでいる。枠に置いたのは高さを表現したかったから。海の青や空の青にも染まらずに白い鳥が飛んでいるイメージ。

〈#10〉 写真B-10

【物語】 女の人の冒険「quest」。女の人はさまよっている感じで，船に乗って陸に着きました。ごつごつした岩場があります。対岸の花を見ながら魚が泳いでいる川をたどって上流に行くと，橋があって橋を渡る。すると，見慣れない人たちが住む村に入って捕まった。言葉もわからなくて，女の人たちはこっちを見ながらくすくす笑っている。わけがわからぬまま連れて行かれた。トンネルをくぐると，神聖な聖域に連れて行かれる。私は一人ネコの前へ行く。ネコがこっちを見てしゃべる。原住民は帰っていく。ネコに

写真B-10 quest

「出て行きなさい」と言われたので聖域を出ると，怖い動物がいて，「怖いなあ」と思う。すると，そこへ騎士が走ってきました。私は，必死で騎士の後ろに乗った。騎士は戦いに行くところなので，私も巻き込まれる。私は家並みの前に佇んで騎士が戦うのを見ている。「この先どうなるやら，いつ帰れるやら」と私は思っている。騎士に助けられつつ巻き込まれつつ。

以上の面接過程を表3（58-61頁）にまとめた。

3）心理的課題の自己評価の変遷（表4，62頁参照）

ほとんどの課題項目が5点まで達していた。その中で，＃2「自分の納得できるようにそれぞれ取り組んでいきたい」（1→5），＃3「自立すること」（2→5），＃8「原石を求めること」（2→5），＃9「原石を選んで選ばなかったものはあきらめる」（3→5）の心理的課題がだんだん上昇傾向で変化して5点になっている。それらをまとめたものが，＃10「選んだ原石をどう磨くか」で，この心理的課題に取り組むべく，また1点から始めることになった。

4）1年後のフォローアップ

姉の結婚や祖母の死を経て，改めて両親を見ると，年老いていくなあ，と思う。「自立」について考えたが，「〜しなければならない」と義務感で思っていたことが，この箱庭をして楽になった。希望通り，大学院に進学したが，自宅から通うのは体力的に無理なので，下宿することになった。それでも，両親とはできるだけ接触を多くして，楽しくやっていきたいと思っている。

5）考察（ケースB）　表層の認知にとらわれず深層の認知が進んでいった例：図2（158-159頁）参照

(イ) **認知-物語アプローチの導入によるClの認知**（表3参照）

＃1．Clの報告では，主人公のウサギちゃん2匹は，リラックスしている

表3　認知-物語アプローチの導入による全段階の記録表

B	主人公	主人公の感情	主人公の思考	タイトル
♯1	ウサギちゃん2匹	①安心して	①昼だから怖くないし，空も天気もいいし友だちと一緒だから。	
		②不安	②また，夜がきちゃう。暗くて見えないし，ライオンとか肉食動物とか，まわりが敵で怖い。暗いから行動範囲が狭まる。じっとしているしかない。	
♯2	この3頭の黒いウマの家族。特に母ウマ	①うれしい気持	①今日は何事もなく家族と一緒に過ごせて，子どもに，すくすく育てよ，と思っている。	森の中
		②不安	②森には危険がありそう，食べられないように子どもを守らなければ，餌を与えなければ，と毎日必死に考えている。	
♯3	親方（黄色いシャツの男の人）	①うれしい気持	①今日もいつもより多く採れたのでよかった。天気も良く，馬車の人に1週間ぶりに会えた。	原石の発掘現場
		②不安	②明日も採れるかなあ。俺の体いつまでもつかなあ（肉体労働だから）。自分は気に入っていない芸術家肌で稼げない男とつきあっている年ごろの娘の結婚のこと。	
♯4	救急車の運転手	①早く行かなければという気持	①病人を早く病院へ連れて行かなければ，命を預かっている，皆さん協力してください。	交差点
		②張り切ってる	②早く届けるからまかせろよ。	
♯5	鳥（赤い玉）	悲哀感	このおじいさんは何だろう，と見守っている。世の中は掌の中にあると思っている。	物語のはじまり

主人公の課題	作者と主人公との類似性	作者の心理的課題
左の女の子が相手の子（右の男の子）にプレゼントをあげること。 移動しておもしろいことを見つけてきたら報告すること。	近い。 ほぼ同一視。	相手が喜んでくれることをすること。 移動しておもしろいことを見つけてきたら報告すること。
お地蔵様に見守ってもらうこと。	お地蔵さんに見守ってほしい。深い山だけれど道はある。人が歩けるような道。道の傍に道祖神がある。3頭のウマの家族（野生の象徴）が人里にドリてきた。	スケジュールに追われているので，何を優先するか，うまくやれる自分になること。あれもこれも中途半端になっている状態だから自分の納得できるようにそれぞれに取り組んでいくこと。
いいものを探し続けること。	親方のように結婚していないし，特にないです。親方は探し続けなければならない。一つ見つかっても，また次のを見つけなければならない。私はまだみつけていないけど，私も次々と見つけなければならない。常に何か探している。大学に受かっても大学院に行くこと，大学院に行っても就職口を探すこと。	「自立」親，家族から自立すること。
落ち着くこと。	この前までは現実離れしていたけど現実っぽい。レポート提出であせっている気持と重なる。	急ぐ気持はわかるけど落ち着くこと。
宿命を見ること。	視点が似ている。この場面を見る視点が共通。鳥は全部見えている。（おじいさんの後ろも）私は手前は見えているけれど後ろは見えていないところもある。	無理をしないこと（早く大人になりたかった。でも大人にはなってしまうものだ。課題にしなくてもなってしまう）。

表3 (つづき)

B	主人公	主人公の感情	主人公の思考	タイトル
♯6	観光客の家族	喜んで	次はライオン見るぞーとか思っている。	自然対人間のおごり
♯7	姉夫婦	①うれしい	①夢がかなってうれしい。	姉の結婚式
		②不安	②これから大丈夫かなあ。でも大丈夫だろう。	
♯8	汽車に乗ってる私	①ちょっと淋しい50％	①知っている人と一緒に分かち合えたらもっとすばらしいなあ。	原石を求める旅
		②楽しい50％	②初めてみるものばかり。	
♯9	男の人	驚き100％	ぶつからないように。怖いものではなかった。よかった。今まで危険はあったけどクジラ程度ならトラブルのうちにはいらない。	海（人生）を行く
♯10	女の人（自分と同年齢の）	怖い気持	どこに行くのだろう，殺されないか。	quest

なかで，天気もいいし友だちと一緒だから安心している。その一方では，また，夜がきちゃう。暗くて見えないし，夜になったら現れてくるかもしれないライオンとか肉食動物とか，まわりが敵で怖い。ジーッとしているしかないと，不安になる。主人公の課題は「女の子が相手の男の子にプレゼントをあげること。移動しておもしろいことを見つけてきたら報告すること」で，主人公とClは，ほとんど同一で，このことからClの心理的課題として，「相手が喜んでくれることをすること」という現実的な課題が導き出された。一方，夜の不安や「移動しておもしろいことを見つけてきたら報告すること」に対しては，今のところ焦点があたっていない。

♯2，ウマの家族は深い森から水のみ場へ降りてきた。主人公の母ウマ

主人公の課題	作者と主人公との類似性	作者の心理的課題
家族サービス（お父さんを主人公とすると）。	私はチンパンジーの親と近い。「また，おごった人間がきてるよ」狙われているのに沼にタイヤが引っかかって，ぬかるみにタイヤがはまって抜け出せなくて，夜になれば困るだろう。いい気味だ。もし，そうなればおどかしにいってやろう。	相手が楽しい時間を過ごせるように話術が巧みになること。
幸せな家庭を築くこと。	資料を取り寄せている姉を見ている。姉の様子を見てから，自分の結婚について考える。	自立した人間像とは，自分に甘くない人。でも自分に甘くてもいいや，と思う。このような葛藤を続けていくこと。
原石を求めるために次はどの駅へ行こうかと考えること。	電車は好きなのでよく乗る。移動といえば電車。	原石を求めること（原石とは自分の中のいいもの）。
無事に陸に着くこと。	人生を知りたいなあ。祖母が亡くなったことから人生には限りのあることがわかった。海は無意識と習ったので無意識の世界を知りたいなあ。	人生には限りがあるので全部は無理だとわかった。原石を選んで選ばなかったものは諦めること。
家に帰ること。	ほぼ自分のこと。	今までの１章の総復習。
		選んだ原石をどう磨くか。２章へ。

は，山深い森から坂を下りてきて，子どもに，すくすく育てよ，と思っている。その一方では，森には危険がありそう，食べられないように子どもを守らなければ，餌を与えなければ，と毎日必死に考えて不安になる。ここでの主人公の課題は「お地蔵様に見守ってもらうこと」で，とりあえず将来のことは，子どもを守るお地蔵様に託した。そして，Clは「スケジュールに追われているので，何を優先するか，うまくやれる自分になること」という現実の方を優先し，「あれもこれも中途半端になっている状態だから，自分の納得できるようにそれぞれに取り組んでいくこと」が導き出された。無意識的な動物的な世界から人間の世界に下りてきて意識的にスケジュール調整をするという現実の課題が導き出された。ただし，赤い石で表された，Clの未来

表4 心理的課題の自己評価

B	作者の心理的課題	#1	#2	#3	#4	#5	#6	#7	#8	#9	#10
#1	相手が喜んでくれることをすること。移動しておもしろいことを見つけてきたら報告すること。	3	2	1	2	3	4	4	4	4	4
#2	スケジュールに追われているので，何を優先するか，うまくやれる自分になること。あれもこれも中途半端になっている状態だから自分の納得できるようにそれぞれに取り組んでいくこと。		1〜2	1〜2	2.5	3	4	5			
#3	「自立」親，家族から自立すること。			2	2	1	1	3	3	4	5
#4	急ぐ気持はわかるけど落ち着くこと。				4	5					
#5	無理をしないこと（早く大人になりたかった。でも大人にはなってしまうものだ。課題にしなくてもなってしまう）。					5					
#6	相手が楽しい時間を過ごせるように話術が巧みになること。						2	2	2	2	2
#7	自立した人間像とは，自分に甘くない人。でも自分に甘くてもいいや，と思う。このような葛藤を続けていくこと。							5			
#8	原石を求めること（原石とは自分の中のいいもの）。								2	4	5
#9	人生には限りがあるので全部は無理だとわかった。原石を選んで選ばなかったものは諦めること。									3	5
#10	今までの1章の総復習。選んだ原石をどう磨くか。2章へ。										1

に対する「自己実現」というテーマは「森の中」にあり，お地蔵様に見守られている。

　#3，原石の発掘現場。主人公の親方は，原石の発掘現場で働いている。ここでの主人公の課題は「いいものを探し続けること」である。主人公とClは，「常に何か探している」ことで共通しており，この中にClの心理的課題「常に次々と何かいいものを探すこと」と，現実の課題「大学に受かっても大学院に行くこと，大学院に行っても就職口を探すこと」が含まれ，それらをまとめると，未来に対する心理的課題として「自立」，「親，家族からの自立」が導き出された。もし，主人公と作者の共通点を探求しなければ，作者の心理的課題は「自立」になる認知的転換がわかりにくかっただろう。この場合，原石は「自分のアイデンティティ」と解釈してよいだろうし，バランスのよいスキーマの象徴とも思える。

　#5，タイトルは「物語の始まり」で，これから何かが起こりそうな感じがしているのだろう。主人公の課題は「宿命は見ること」である。主人公の鳥とClは，「私がこの場面を見る視点が共通」で，鳥は全部見えているがClは，手前は見えているけれど後ろは見えていないところもあるらしい。このことからClは，「無理しなくてもいい（早く大人になりたかった。でも大人にはなってしまうものだ。課題にしなくても，なってしまう）」が導き出された。自分の未来に対して一部（後ろは）見えてないところもあるが，俯瞰して見ているようでもある。

　#7，タイトルは「姉の結婚式」で，ここでの主人公の課題は「幸せな家庭を築くこと」である。Clは，「姉の様子を見て，自分の結婚は」と将来に対して思いを馳せている。このことからClの心理的課題，「自立した人間像とは，自分に甘くない人。でも自分に甘くてもいいやと思う。このような葛藤を続けていくこと」が導き出された。「自立すること」に対する，自分にとって適応的な無理をしないバランスのいい認知に変わってきている。

　未来に対する心理的課題の変遷として，#8で原石を求める旅をしている。主人公である汽車に乗っている私は，原石を求めるために次はどの駅へ行こうかと考え，「原石を求めること（自分の中のいいもの）」というClの心

理的課題が導き出された。

＃9．船に乗っている男の人はお金になる「赤い石」を「国」に運んでいる。「赤い石」に価値が出てきたようだ。個性化の過程が進んでいることを示しているのだろうか。タイトルは「海（人生）を行く」で，つい最近，祖母が亡くなったことから，人生には限りのあることがわかった。このことからClは，「生には限りがあるので，全部は無理だとわかった。原石を選んで，選ばなかったものは諦める」という心理的課題が導き出された。頭では「限りがある」と認知しているが，箱庭に表された無意識は「あきらめずに」価値のある赤い石を船いっぱいに積んで「無意識をもっと知りたいな」と大海の中を運んでいる。

＃10．主人公は自分と同年齢の女の人である。タイトルは「quest」で，主人公は，ほぼ自分のことで共通しており，このことからClの心理的課題，「選んだ原石をどう磨くかを考えること」が導き出された。そして，さまよっていた女の人は騎士と一緒に原石を求める旅に出て行った。現実には，自分の中のいいものを磨くべく，無意識を勉強するために大学院に進学した。

 ㈦　**Thにおける従来的見方**

ここでは，2回目に表れた「赤い玉」を中心に考察してみる。

ウマの家族は深い森から山里の水のみ場へ降りてきた。無意識の世界から動物が意識に近い人間の世界へ移動してきたことを表しているようだ。クマは赤い玉に興味を持っている。クマは価値のあるものを知っているのだろう。人間が価値に気づかないとクマが再び森の中に持って行くかもしれない。そうなると，せっかく価値のあるものも意識化されないで無意識の世界に戻ってしまう。

作者は「赤い玉」と表現したが，「血の塊」という解釈も成り立つだろう。「赤の意味」には血が持っている生命力や女性的なものの価値が考えられる。クマが興味を持ったのは，この血の暖かさや本能的なものかもしれない。

一方，「紅玉」は血や戦争を表すとも言われ，石の周りで危険があるのかもしれない。赤い石を導きのシンボルにして，彼女の個性化の過程が始まろ

うとしていると思える。ただし，赤い石はまだ，無意識の「森の中」にあり，お地蔵様に見守られている。お地蔵様の像は赤いよだれかけをつけた石であり，大地が持つ育む力である。

3回目，原石の発掘現場で，親方は原石の中から良いものを掘り出そうとしている。人間（親方）が発掘することによって意識化され，視覚化される。クマではなく，人間が捜し始めたことに意味があるのである。箱庭では，箱の中央を中心にしてアイテムが置かれ，エネルギーが集中しているような中心化・個性化（マンダラ）の象徴表現が見られる。この場合，原石の中から良いものを見つけ出そうとしている作業は「自分のアイデンティティ」を捜している作業と解釈してよいだろう。

5回目に再び赤い石が現れた。ラクダの背に載っている赤い石は鳥を表している。大地と繋がっている石が空の上を飛ぶ鳥になり，天と地が一つになったようだ。Clは，この鳥は火の鳥みたいに卓越した存在で，悲哀と永遠の命の象徴であると述べた。火の鳥は死んだ霊魂であり，死んで生まれ変わり価値を失わない，それ自身で存在しているもの，朽ちることのない永遠の本質と解釈され，赤い石の一つの側面を表しているのだろう。

7回目が姉の結婚式で，女性の死と再生や家・女性性の象徴が表現されていると思われる。ここで，2度目の中心化のイメージが表現され，転回点を表していると思われる。そして，次の回にClは原石を求める旅をしている。

9回目，船に乗っている男の人はお金になる「赤い石」を「国」に運んでいる。「赤い石」に価値が出てきたようだ。赤い石を船いっぱいに積んで「無意識をもっと知りたいな」と大海の中を運んでいる。しかし，女性性を売り買いするような危険な感じもする。

最終回では，さまよっていた女の人は騎士と一緒に原石をみがく旅に出て行くことになった。原石の中から赤い石を見つけ出したClは，「自分のアイデンティティ」をさらに確立すべく進んでいくことになった。

このように，自分の進む道を見つけていく過程には，こういう作業に伴う危険性を常に自覚しておく必要があると箱庭は語っているのだろう。たえず，良い面と悪い面の両義的な意味を考えながら，第3の道を進んでいかな

けれ ばならない。

第3節　ケースC

1）事例の概要
女子学生C，21歳。進路の問題や母親との葛藤で抑うつ状態を呈していた。月に1～2回のペースで計10回の制作をした。

2）面接過程
〈#1〉 写真C-1
作者は時間をかけて，紙粘土と折り紙で噴水をつくって主人公の前に置いた。
【物語】 月に1度，ピエロが楽器を手に持って演奏しながら教会まで練り歩いている。修道女さんと出会って，「今月もよく来たね」と話をしている

【主人公】手を振っている男の子

写真C-1　ピエロが町にやってきた

ところ。男の子はピエロを初めて見たので,この不思議な人たちは何だろうと,姿を見るだけで珍しく,目を輝かせている。ピエロは風貌が普通の人と違うので,男の子にはそれがおもしろくて興味をひいている。ロバは荷車を牽いている。サルとパンチが楽器を持っているのもおもしろく,惹きつけられている

　歌はかすかに聞こえている。一番耳に入っているのはシンバルの音。にぎやかな音が聞こえてくる。わくわくさせられる感じ。

〈#2〉 写真C-2

【物語】　ネコは日向ぼっこをしながら毛づくろい。30歳くらいの男女は偶然ばったり出会った。女の人（20代後半）の飼いイヌは「この人だれ？」と思っている。女の子と男の子の3人組は,ブランコに乗りたいけど乗れない人がいるので揉めているところ。橋の上の2人は日曜日も出勤して「また仕事や」と戻っているところ。（緑の服の女の人は）お休みだから昼まで寝てて,「今から買い物に行こうか」と出かけるところ。ガソリンスタンドの男の人（22〜23歳）は休日でバイクで遠出しようと思って給油しているとこ

【主人公】ネコ

写真C-2　日曜日の昼下がり

ろ。(紫色の服の) 女の人は教師で午前中の仕事が残っていたので帰るところ。寝転んでいる男の人は昼さがりを利用して日向ぼっこをしながら本を読んでいるところ。5月の初めくらい。

〈#3〉 写真 C-3
【物語】 今日は日曜日で，お母さんが子どもたちを連れて海浜公園へやってきた。駅の女の人は街に出る。寝そべっている女の人はイヌを連れて散歩に来て，イヌは波が押し寄せたりしているのに夢中。男女は仕事が立てこんでいたから会えなかったけど，久々に会って海に来た。カメが海から上がってきたところ。鈍行の普通電車に乗っているお客さんがここで降りて海辺に遊びに行く。

〈#4〉 写真 C-4
【物語】 休みの日，天気のいい日に万博公園のようなところに家族で遊びにきている。父親，母親，妹，男の子（双子）の5人家族。子どもたちを遊具で遊ばせて，自分たち（親）は散歩してきたいから，おとなしく遊んどきという感じ。女の子はブランコで遊ぼうとしている。クレヨンしんちゃん

【主人公】 寝そべっている女の人

写真 C-3 海の魅力

写真C-4　余暇の楽しみ方

【主人公】双子の男の子の一人

（母親はどっかへ行っている）が滑ったから自分の番だと階段を上ろうとしている。石の上にいる男の子は石の上を跳ぶ遊びをしている。浅い川（ひざ下もいかない）の手前には，本を読んでいる男の子と母親と姉の家族。男の子は公園に連れてこられたけれど本を持ってきていた。本を読んでいる。公園に目的がない。その子をほっといて，母親と姉は花を見に行っている。鳥たちは水を飲みにきて，フクロウは全体像を見ている。

〈#5〉　写真C-5
【物語】　それぞれ自分の思うがままに過ごしている様子。お互いおかまいなしに生きている様子。自然界の様子。カラスはのこのこあがってきている。カメ・貝とかカニをねらっている。カメの間にある大きな石は，カラスがカメを直接襲うのを防いでいる。

〈#6〉　写真C-6
【物語】　白馬は水を飲んでいる。樹の上のサルは鬼ごっこをして遊んでいる。白馬が水を飲んでいるから，左上のシカとか動物は水を飲むのをためらって様子をうかがっている。子どもを連れたアヒルは水を飲みに来て，

70　第3章　事例編：箱庭療法に認知-物語アプローチを導入した適用例

【主人公】茶色のカメ（海から陸へ上がろうとしている）

写真C-5　あなた（人間）の知らない世界（人間の知らない生物の生き様をイメージする）

【主人公】白馬

写真C-6　人間が侵入していない未開の世界

カップルのアヒルは水浴びを楽しんで，ネズミたちはご飯を食べてて，キツネは対岸の様子をうかがっている。森の中のゴリラはもっと奥地の家へ帰るところ。もう1匹は水を飲みに，ウサギは特に何もなくのんびりしている。

〈#7〉 写真C-7

【物語】 今は満月の夜で，ちょうど月が湖に映ったときに，森の守り主の神様が出てきて，動物たちとか樹に活力を与えてくれる。満月が近づいてきているので，動物たちが湖の近くに集まっている。女の人はどん底に落ちている感じで，さまよって森に入ってきたら，たまたま湖を見つけた。

〈#8〉 写真C-8

【物語】 主人公の女の人（バラとかの中にいると現実感が少なくなり，道路を見ると現実に戻る）がイヌを散歩に連れていた。帰り道で，イヌが先に渡って飼い主が来るのを待っている。今は夕方，女の子と男の子は幼馴染。夕飯なので，おっかけっこをしながら走って家へ帰る途中。緑の服の女の人は会社帰りで，大学時代の友人で留学生でそのまま日本に残った外国人（欧米系）と出会った（久しぶりに）。夕方だから道路は車が混んでいる。夫婦は

[主人公] 女の人

写真C-7 満月

写真C-8　夕暮れ時のさみしさ（前回の帰り）

［主人公］女の人

久々に夫の仕事が終わってのびのびしている。

〈#9〉　写真C-9
【物語】　この女の人は水を汲み終わって帰ろうとしているところ。近所の奥さんに出会って久しぶりに話し込もうとしている。左上の男の人は夫で，畑仕事をしている。休憩の飲み水が欲しいので，妻に水を汲んできてと言ったが，帰りが遅いので見に来るとしゃべり始めているので，案の定とあきれている。後から来たおじいさん（町の長老）がなだめている。イヌものどが渇いているんやでと夫がその父親に言っている。そんな会話を繰り広げていて，ベンチの傍にいる女の子は近所の奥さんの子ども。母親の姿を見つけて，「お母さんだ」と飛び跳ねている。ネコは野良ネコで，なついてくる様子もなく，マイペースで毛づくろいをしている。アリスは井戸の水を汲んでいる女の人と夫の子ども。女の人（母親）は仕事をしているから，「遊んでおいで」と言う。アリスは目新しいウサギを見つけて，もしかしたら「不思議の国のアリス」のようなお話が始まるかも……。

第3節　ケースC　73

【主人公】水を汲んでいる女の人

写真C-9　井戸のある街

【主人公】お母さん

写真C-10　週末のアフター5

〈#10〉 写真 C‐10
【物語】 平日だけれど夏休み。久々にこの家族3人は，工場地帯で働いているお父さんの帰りを待って，夕食を一緒に食べに行く。この男の人たち2人は残業続きで，「今日もがんばるか」と気合を入れて気分転換をしている。金曜日なので車の通りも多い。遊びに行く人もいる。帰宅ラッシュ。工場地帯ではいろんな人が働いている。

以上の面接過程を表5（76-79頁）にまとめた。

3）心理的課題の自己評価の変遷（表6，80頁参照）

評価得点が5点に達するものはなく，ほとんど2点から4点の間を小数点の単位で変化している。ただし，どの課題項目も達成に近づくように徐々に上昇傾向で変化している。

4）フォローアップ

大学院に合格し，卒業論文も仕上げ進学した。

5）考察（ケースC） 深層の認知が進み過ぎたときに安全装置が働いた例：図3（160-161頁）参照

(イ) 認知‐物語アプローチの導入によるClの認知（表5参照）

＃1．Clは時間をかけて，紙粘土と折り紙で噴水をつくって主人公の前に置いた。Clからの報告では，主人公の男の子（手を振っている）は，ピエロを初めて見て，この不思議な人たちは何？ と珍しそうに目を輝かせている。ロバやサルとパンチが楽器を持っているのにも惹きつけられている。歌はかすかにきこえているが，一番耳に入っているのはシンバルのにぎやかな音でこの音を聞いて，わくわくし，ピエロを見て自分の中で想像を膨らませている。異世界の街でお祭りをしている。ヨーロッパ調の家々の前に旗が飾られ，紙ふぶきが舞い，結婚式を祝っているイメージを想像している。

一方で，お母さんに対してうっとうしい気持になり，「お母さん離して，

行きたいのに行けない。お母さん手をどけてほしい。邪魔しないで」と思っている。お母さんが手をどけてくれたらピエロのところに行って近くで見ることができるのにと思っている。また，お母さんに抱かれて，圧迫されてお腹が痛くなる。この箱庭のタイトルは「ピエロが町にやってきた」で，ピエロに触発されて異世界の街に入り込んだイメージがふくらんで，新しい経験が始まろうとしているのであろう。

　主人公は母親に守られて暮らしていたが，その母親の手を離れようとする，「母親からの自立」の過程が始まろうとしているところでもある。ここでの主人公の課題は「お母さんの隙を見て手をどけてもらうこと」で，ピエロの傍まで行って話をしたいのである。主人公の男の子とClは，「生活は母親に依存しているが，母親に制限されていることが多い」ことで共通しており，このことから作者の心理的課題，「手を離してもらうぐらいに母親に信用される人になること」が導き出された。

　♯2．主人公のネコの課題は，「このままでいい。今の状態に不服を言わない。今の状態が幸せだと思えたらいい」である。主人公とClは「だるさ」で共通しており，Clは大学院の入試にやる気が出ない。「就職した方が楽かなと思ったこともある。でも，やりたいことは院に行かないとできない」ことから，Clの心理的課題，「現状から逃げないこと」が導き出された。

　♯3．ここでの主人公の課題は「現実逃避ばかりでなく，向き合うこと」である。「向き合う」ための方策として，Clの心理的課題は「自発的にしようとしたときに，その気持を持続させること」が導き出され，現実的行動的課題は「勉強すること」となった。

　♯4．主人公の石の上の男の子は，次の目標の石を見ている。不安になるのは「落ちて濡れたらかっこ悪い，妹や弟にばかにされるやろう，嫌だなあ」と考えるからである。一方，楽しんでいる気持もあり，「次の目標に跳ぶぞう。跳びたい」と思っている。ここでの主人公の課題は「石を目標にして，次の石にちゃんと跳び移れること」である。主人公とClは，「この人ほどプロセスが見えてるようで見えてないけど，類似点は目標があること。やるべきことはある。このことからClの心理的課題，「自分の力量を知ること」が

第3章 事例編：箱庭療法に認知-物語アプローチを導入した適用例

表5 認知-物語アプローチの導入による全段階の記録表

C	主人公	主人公の感情	主人公の思考	タイトル
♯1	手を振っている男の子	①わくわく，興奮している。楽しんでいる	①異世界の街でお祭りがあると想像を膨らましている。ヨーロッパ調の家との間に旗が出て紙ふぶきで結婚式を祝っているイメージをピエロを見て思い浮かべている。	ピエロが町にやってきた
		②お腹が痛い，うっとうしい	②お母さん離して，行きたいのに行けない。お母さんが手をどけてくれたらピエロのところに行けるのに，近くでピエロが見れるのにと思っている。	
♯2	ネコ（シーソーを我が物顔で占領している）	①だるさ	①のらネコだから，でもしばられたくないから。今は運気のままに生きているのが幸せかなあ。飼いネコになったらどんなに楽か。	日曜日の昼さがり
		②不安	②自分でえさを見つけられないときはどうしよう。	
♯3	寝そべっている女の人	おだやかな気分	天気がよくて気分がいい。のんびりできることに対して幸せを感じている。現実逃避。日常生活の中で嫌なことがたまっているけれど，ここへ来ると忘れられる。	海の魅力
♯4	石の上の男の子	①楽しんでいる	次の目標に飛ぶぞう。飛びたい気持。	余暇の楽しみ方
		②不安	②落ちて濡れたらかっこ悪い。妹や弟にばかにされるだろう。嫌だなあ。	
♯5	茶色のカメ（海から陸へあがろうとしている）	①喜び10％	①子孫を残せる。	あなた（人間）の知らない世界（人間の知らない生物の生き様をイメージする）
		②恐怖90％	②カラスから卵を守らないといけない。産卵場所を変えるべきか。カラスに見つかりにくそうなところを探さないと。子孫を残せるという喜びがあった上に，カラスの鳴き声がしたので。	

主人公の課題	作者と主人公との類似性	作者の心理的課題
お母さんの隙を見て手をどけてもらうこと。	制限されているところ。生活は母親に依存しているが、母親に制限されていることが多い。	母親に信用される人になること。手を離してもらうぐらいに信用されること。(社会的にも)信用される人になること。
このままでいい。今の状態に不服を言わない。今の状態が幸せだと思えたらいい。	だるさ。大学院の入試にやる気が出ない。就職したほうが楽かなと思ったこともある。でも、やりたいことは臨床のことだから。	現状から逃げないこと。
現実逃避ばかりでなく向き合うこと。	怠惰な感じ。	自発的にしようとしたときに、その気持を持続させること。現実的には勉強すること。
石を目標にして、次の石にちゃんと飛び移れること。	この人ほどプロセスが見えてるようで見えてないけど類似点は目標があること。やるべきことはある。やることは変わらない。	自分の力量を知ること。
	次の石に飛び移るために油断しないこと。足元をしっかりよく見て次の石の状態をよく見て、ぬれていないか、とかよく確かめて、今自分の石の大きさも確認しないといけない。	
卵をカラスに食べられたりすることなく無事に孵化させること。	バイト先に新しい人が入ってきたので教育していかなければならない。今立ち向かっているのは受験と卒論。	あきらめない、投げ出さない、よく考えること。

表5 (つづき)

C	主人公	主人公の感情	主人公の思考	タイトル
#6	白馬	①生き返った 70〜80%	①水を飲んでエネルギー補給。潤いを得てまたやろうかという気が出てきた。	人間が侵入していない未開の世界
		②警戒心 20%	②森の中なのでいつ襲われるか（ここには出ていないけれど遠くの方にトラ・ライオン・チータがいるかもしれない）。	
#7	女の人	①驚いていた	①荘厳な様子を見て何が起こるのかと思って。神聖な場所・落ち込んだ気分がとんでしまった。この一部始終を見ていると気分が晴れるのではないかと思っている。	満月
		②落ち込んでいた	②立て続けに嫌なことが重なって疲れ果てている。	
#8	（紫色の服の）イヌと向かい合っている女の人	ちょっとものさびしさ。無常	取り残された感じ。人間って小さいな，一人の存在で小さいな，自分はいなくても現実は動いている。だから自分も現実の中に生きるから現実に向き合わないといけない。自分がイヌを連れてのんびりしている間に自分とは関係なく世の中は動いていてそのことに改めて気づいて，気合を入れて橋を渡ろうとしている。	夕暮れ時のさみしさ（前回の帰り）
#9	水を汲んだ女の人	①うれしい	①久しぶりに会えたことに対して懐かしさ。	井戸のある街（昔は井戸を掘るのが大変でやっと掘れた井戸）
		②急いでいる	②早く水を持っていこう。夫が仕事でがんばっているから早く飲ませてあげたい。	
#10	決めてなかった。この街の雰囲気全体だったけれど。あえて主人公にするとお母さん	①うきうきしている80%	①久々の家族団らん，外食だから楽しみ。早く仕事を終わって夫が来ないかな。待ち遠しい。	週末のアフター5
		②不安15〜20%	②もし残業になったらどうするの。本当に今日食べにいけるの？いきなり仕事やから無理といわれたらどうしよう。	

主人公の課題	作者と主人公との類似性	作者の心理的課題
これからトラやライオンが出てきても①逃げ切って生きる。立ち向かったら勝てないので会わないような安全なところを確保。②子孫を残す（差し迫った問題）。伴侶がいないのでまだ子孫のもとはできていない。	結果を残すこと（4回生で節目の年だから）卒業するのでそれなりに違う世界に入って行く。卒業までに集大成としての結果（卒業論文）を残したい。準備は万端なのですが。	自分から（主体的に）動くこと。自分から能動的に動くこと。「～しないといけない」という義務感から動くのではなく，自分から「～しよう」というように動くこと。
森にきたその女の人はもともと落ち込んできていた。その落ち込みを払拭すること。まぎらわすこと。気分転換をはかる。→落ちる所まで落ちて忘れたい。→リセットするような感じ。もともとの目的はこっちだった。そうすると目の前に動物たちが集まってきた。それで，見届けようと好奇心が起きた。	どんよりした気分を晴らしたいところ。	落ち込む気持だけに焦点を当てるのではなく，その背景も含めて全体に向き合うこと。他人に依存していられない。
生きていくために日々の仕事をこなしていくこと。橋を越えて現実に戻ること。	この人の仕事とカウンセリングの勉強が共通。	継続すること。勉強しようと思う気持ち持ち続けること。行動としてはやり続けること。
おしゃべりするのは悪くない。とりあえず，この場で話をするのは悪くないけど，ほどほどに抑えること。	楽しいこと，気持が動くことはほどほどに抑えてするべきことは先に済ませて（優先順位の順で）から今じゃなくても楽しみを後にまわすこともできること。	まわりの気分に流されないで自分の優先順位に従って行動すること。
夫を待つこと。もし残業でドタキャンされた後のことを考えること（子どもが楽しみにしているのに父親がだめになったら子どもをなだめないといけないから，万が一のことも考える）。	受験票が1週間以内に届かなかったら連絡しないといけない。もし書類に不備があって受験できませんと言われないかと心配していること。ドタキャンされないか心配していることとかぶる。	ささいな不安材料にまどわされずにモチベーションを保ち続けること。

表6 心理的課題の自己評価の変遷

C	作者の心理的課題	#1	#2	#3	#4	#5	#6	#7	#8	#9	#10
#1	母親に信用される人になること。手を離してもらうぐらいに信用されること。(社会的にも)信用される人になること。										
#2	現状から逃げないこと。		2.7	3	3	3.3	3.5	3.5	3.6	3.9	4
#3	自発的にしようとしたときに,その気持を持続させること。			2.7	2	3	3	3	3.3	3.5	3.5
#4	自分の力量を知ること。				2.3	2.7	2.7	2.7	3	3.5	3.6
#5	あきらめない,投げ出さない,よく考えること。					3.3	3	3	3.5	3.8	3.9
#6	自分から(主体的に)動くこと。自分から能動的に動くこと。「〜しないといけない」という義務感から動くのではなく,自分から「〜しよう」というように動くこと。						3	3	3.5	3.7	3.7
#7	落ち込む気持だけに焦点を当てるのではなく,その背景も含めて全体に向き合うこと。他人に依存していられない。							2	2	2.5	2.5
#8	継続すること。勉強しようと思う気持を持ち続けること。行動としてはやり続けること。								3.2	2.9	3.2
#9	まわりの気分に流されないで自分の優先順位に従って行動すること。									2.5	3
#10	ささいな不安材料にまどわされずにモチベーションを保ち続けること。										3.3

導き出された。

　#5．主人公の茶色のカメは海から陸へあがろうとしている。無意識から意識の世界へ移動していると思われる。カメは，喜び（10％）の気持は，子孫を残せると考えるからである。一方，恐怖（90％）もあり，カラスから卵を守らないといけない。産卵場所を変えるべきか，カラスに見つかりにくそうなところを探さないと，と思っている。ここでの主人公の課題は「卵をカラスに食べられたりすることなく，無事に孵化させること」である。主人公の男の子とClは，「バイト先に新しい人が入ってきたので教育していかなければならないこと，今立ち向かっているのは受験と卒論」が類似しており，このことから作者の心理的課題，「あきらめない，投げ出さない，よく考えること」が導き出された。

　#6．白馬は森の中の湖に現れる。主人公の白馬は，水を飲んで，潤いを得て，またやろうかという気が出てきたと思っている。一方，警戒心（20％）もあり，森の中なのでいつ襲われるか（ここには出ていないけれど，遠くの方にトラ，ライオン，チータがいるかもしれない）と思っている。この箱庭のタイトルは「人間が侵入していない未開の世界」である。ここでの主人公の課題は「①（これからトラやライオンが出てきても）逃げ切って生きること。②子孫を残すこと（差し迫った問題）」である。主人公の白馬とClは，「結果を残すこと（4回生で節目の年だから），卒業するのでそれなりに違う世界に入って行く。卒業までに集大成としての結果（卒業論文）を残したい」ことで類似しており，このことからClの心理的課題は「自分から能動的に動くこと」だが，現実的には卒業論文という「結果を残さなければならない」のである。

　#7．主人公はどん底に落ちている感じで，さまよって森に入ってきたら，たまたま湖を見つけた。満月の夜で，ちょうど月が湖に映ったときに森の神様が出てきて，動物たちに活力を与えてくれる。主人公は荘厳な様子を見て，落ち込んだ気分がとんでしまった。

　こういう大いなる力に触れたら，活力を感じ取って，一回り成長する。このような，神様を見るという大いなる力に触れるヌミノース体験をすること

によって，Cl の心理的課題，「落ち込む気持だけに焦点を当てるのではなく，その背景も含めて全体に向き合うこと」「他人に依存していられない」が導き出された。

こうして，それまでずっと持っていた「大人になること」のテーマも並行して出てきた。

＃8．森の中でヌミノース体験をした主人公は，川を渡って現実に戻ろうとしている。主人公のイヌと向かい合っている女の人は，橋の向こうにいるイヌ，イヌの向こうに現実世界が見える（時間が進んでいる）。ちょっとの寂しさから無常になり，取り残された感じ，人間って小さいな，一人の存在って小さいな，自分はいなくても現実は動いている。だから自分も現実の中に生きるから，現実に向き合わないといけない。自分がイヌを連れてのんびりしている間に自分とは関係なく世の中は動いていて，そのことに改めて気づいて，気合を入れて橋を渡ろうと思っている。この箱庭のタイトルは「夕暮れ時のさみしさ（前回の帰り）」で，女の人は非現実の世界から日常生活の世界が始まろうとしている。ここでの主人公の課題は「橋を越えて現実に戻ること。生きていくために日々の仕事をこなしていくこと」である。主人公と Cl は，「この人の仕事と勉強」が類似しており，このことから Cl の心理的課題，「継続すること。勉強しようと思う気持を持ち続けること。行動としてはやり続けること」が導き出された。

＃9．主人公の女の人は水を汲み終わって帰ろうとしている。この井戸は掘るのが大変で，やっと掘れた井戸。この箱庭のタイトルは「井戸のある街（昔は井戸を掘るのが大変で，やっと掘れた井戸）」で，ここでの主人公の課題は「この場で話をするのは悪くないけど，ほどほどに抑えること」である。主人公の女の人と Cl は，「楽しいこと，気持が動くことはほどほどに抑えて，するべきことは先に済ませること」が共通しており，このことから作者の心理的課題，「まわりの気分に流されないで，やるべきことをすること」が導き出された。

＃10．主人公のお母さんは，子どもたちが遊んでいる姿，海の様子と対岸の工場を見ている。子どもたちがはしゃいでいる声，波の音，男の人たちの

話し声，木々がざわめく音，車の走る音を聞いている。潮の香り，風が吹いたときに舞い上がる砂，日差しはきついけど海風は気持いい。うきうきしている，ひさびさの家族団らん，外食だから楽しみ，早く仕事を終わって夫が来ないかな。待ち遠しいと思っている。一方，不安もある。「もし残業になったらどうするの。本当に今日食べにいけるの？　いきなり仕事やから無理といわれたらどうしよう」と思っている。この箱庭のタイトルは「週末のアフター5」である。ここでの主人公の課題は「①夫を待つこと。②もし残業でドタキャンされた後のことを考えること」である。主人公の女の人とClは，「受験票が1週間以内に届かなかったら連絡しないといけない。もし書類に不備があって受験できませんと言われないかと心配していること。ドタキャンされないか心配していることとかぶる」ことで共通しており，このことから作者の心理的課題「ささいな不安材料にまどわされずにモチベーションを保ち続けること」が導き出された。

㈹　Th における従来的見方

進路のことでやる気をなくし落ち込みを呈していた女子学生のケースである。水とかかわるという，命の泉に触れるヌミノース体験を通して抑うつや落ち込みを乗り越え，自立していくプロセスである。

「ヌミノース体験」とは宗教体験の本質で，聖なるものに係わる体験とされ，ルドルフ・オットー (Otto, 1917) の言う「聖なるもの」とも合致し，「戦慄し深く畏れると同時に魅了されてやまない，概念把握が不可能な体験」のことで，それまで明らかになったことのない，魅惑的で運命的な意味を暗示する力に直面することでもある。人間性心理学では「至高体験」とも呼んでいる。

このケースでは，箱庭作品の全体を通してさまざまな情景の水が表現され，「水のテーマ」が流れていると思われる。そして，7回目でのヌミノース体験により，インフレーションを引き起こすので，抑うつ状態からの脱却がなされていく。

最初，Cl は時間をかけて，紙粘土と折り紙で噴水をつくって主人公の前に置いた。噴水は英語では fountain と綴り，泉とも言われる。泉は，「全体性」

のイメージである。CI はまさに自分で泉をつくったのである。噴水の向こうの川を渡ると異世界。ピエロに触発されて異世界の街に入り込みイメージが膨らんで，新しい経験が始まろうとしている。ただし，意識が朦朧とした状態で異世界に入り込んだということが気になるところではあるが，男の子はその母親の手を離れようとする「母親からの自立」の過程が始まろうとしているところでもある。

　次に，川が流れて橋もあり，公園には噴水が置かれているものや，カメが海から上がってきたという無意識から意識の世界へ移動していると思われる作品がくり返しつくられる。これらの作品は，自我意識的なコミットメントが乏しい中でつくられたのか，アイテムが多く，さまざまな場面が置かれ，作者は自我から遠い風景として遠景で眺めているようである。

　6回目の作品では，白馬が森の中の湖に現れる。白馬は「聖なる」イメージがある。次の回には，白馬は川をさかのぼり，深い森の中の湖で水を飲んでいる。そこへ女性が，どん底に落ちている感じでさまよって森に入ってきたら，たまたま湖を見つけた。満月の夜で，ちょうど月が湖に映ったときに森の神様が出てきて動物たちに活力を与えてくれるらしい。女性は荘厳な様子を見て，落ち込んだ気分がとんでしまった。その女性が，湖で満月を見ている間にヌミノース体験をし，抑うつ状態からの脱却がなされていくところが表れている。女性のリズムに係わる月の変容にも示されている女性の神秘に触れたということである。こういう大いなる力に触れたら活力を感じ取って一回り成長する。

　そして，次の回にその女性は森の中でヌミノース体験をした後，川を渡って現実に戻ろうとしている。本来なら森の奥の別の世界へ入って行くはずなのに，そっちの方へは行かないで橋を渡るのである。早く現実に戻りすぎたとも思われるが，一方，急激にヌミノース体験まで進んでしまった危うさに対して，箱庭療法に認知－物語アプローチを導入したことが，安全装置として働いたともいえるだろう。

　9回目，主人公の女の人は水を汲み終わって帰ろうとしている。この井戸は掘るのが大変で，やっと掘れた井戸。象徴的な意味で，やっと掘れた無意

識という地下水を汲み上げたと思われる。今回，無意識を汲み出す作業はここで一旦終わるが，アリスのような女の子が現れ，Clは，また別の機会に不思議の国のアリスのような無意識を汲み出す物語が始まる可能性を残しながら，現実の世界で「やるべきことをする」ために戻っていった。実際には，数カ月後に迫った大学院の入試に向けて勉強を始めることになる。

10回目の作品には，ひさびさに家族3人は工場地帯で働いているお父さんの帰りを待って，夕食を一緒に食べに行くところが表現される。Clが大人の女性になって家族と共に暮らしている未来の姿を表現しているようにも思える。

第4節　ケースD

1）事例の概要

女子学生D，21歳。母親との葛藤に悩んでいたことが，箱庭にイメージ表現され（＃5），自分にとってのバランスのいい母親との付き合い方を習得し，その後「自分の弱い面」も含めた「自分の心を見ようとすること」の自分自身に対する課題に気がついた事例である。

2）面接過程

〈＃1〉　写真D-1

【物語】　親が畑でなった実を採ろうとしている。子どもは遊んでいる。小さい家に住んでいる人が遊びにきてベンチにすわっている。荷車の人は街とのつなぎ役をしている人。時間は朝。

〈＃2〉　写真D-2

【物語】　12月ごろ，クリスマスが近いから町は賑やか。あばあさんは船で帰って来るであろう誰かを待っている。船を見ながら，昔の知人で男の人（10代後半の若いときに引越しで別れた恋人か？）といっしょにいるときの何てことのない日々，時間に思いを馳せている。待っているけど，戻ってこ

86　第3章　事例編：箱庭療法に認知‐物語アプローチを導入した適用例

【主人公】イヌ

写真 D‐1　田舎の風景

【主人公】おばあさん

写真 D‐2　おばあちゃん

ないだろうとわかっているけれど，ついつい見に行ってしまう。船で戻って来るような人。昔に戻りたい。風の噂で亡くなったということは聞いているが。冬の風が顔に当たって冷たくなっているけれど気持いい。男の子は船でどこかへ行くことを夢みながらボーッと見ている。ネコも誰かを待っている。子どもは遊んでいる。

〈＃3〉 写真D-3

【物語】 子どもたちが楽しそうに公園であそんでいて，イヌたちやウサギものどかに過ごしている。

〈＃4〉 写真D-4

【物語】 季節は冬。お母さんが湖に水を汲みに来て，男の子が「待って」と言って追っかけている。ウマは「寒いなあ」と思いながら湖に水を飲みにきている。今も水はおいしそうだな。世界が真っ白になってそれを見るのが好き。「気持いいなあ」と思っている。

〈＃5〉 写真D-5

【物語】 女の子は水のところで「ひとりぽっちで冷たい」と思っているけ

[主人公] 教会

写真D-3　のどかな朝10時ごろ

88　第3章　事例編：箱庭療法に認知‐物語アプローチを導入した適用例

【主人公】赤いウマ

写真 D-4　雪景色

【主人公】女の子

写真 D-5　無機質

れど，表に出さず顔色を変えずに水面から上半身を出している。実際は痛いほど冷たい。女の子は宙を見ていて，周りを見ていない。周りに人がいることはわかっているけれど，見たくなくて宙を見ている。周りの人々は外を向いている。おばあちゃんは毒入りのりんごを持っている。オニは置き物。インディアンの人々は「かわいそうやな」と助け出そうとしているが，手をこまねいている。（船はなくてオールだけ）右上の人は見ているけど上の方を向いていて，下の方は視界に入っているけど見えていない。前のピエロも宙を見て，せつない感じで吹いている。藻とかイソギンチャクは女の子を癒している（湖にいるのは自分だけじゃないよ）。

〈＃6〉 写真D-6

【物語】 朝10時ごろ。おじさんが「ウマの世話をするぞー」と言っているところ。イヌは牧草犬。チンパンジーは物陰からコソッと見ている。木陰なので涼しい。おじさんに見つからないか，ビクビクしている。たぶん気づかれない，と思っている。気づかれると怖い。気づかれたらどうしようと少し不安。見つかると何が起きるかわからないから怖い。樹に守られている感

写真D-6 異世界

【主人公】チンパンジー

写真D-7に【主人公】黄色いベンチにもたれている小人

写真D-7　小人たち

じで安心。みんなは楽しそうなので淋しい気持もある。

〈#7〉　写真D-7

【物語】　小人が収穫のために世話をしに行っている。自給自足。畑では小人が働いている。朝食の後，休憩して午前11時くらい。主人公の小人は「今日も天気いいな」とぽーっとしているが，「お前も働けよ」と別の小人は言っている。花を持っている小人はマイペースで，「今日はどうだい？」とウサギに言っている。

〈#8〉　写真D-8

【物語】　何も起こってない。異世界（仙人のいるところ）のようなところ。私は，散歩して家に帰る途中。私には，のどかで時が止まっているゆっくりした感じの仙人の世界が見えている。私は，仙人の世界を見ていて何も感じなくてジーッと見ている。世界が違う感じだから，それについてどうこう思わない。コイは泳いでいる。カメは止まっている。エビもジーッとしている。サルはすわってボーッとしている。フクロウもとまっているだけで何かをしているわけではない。

第4節　ケースD　91

【主人公】私

写真 D-8　お池にはまってさあたいへん

【主人公】水草

写真 D-9　浅瀬の海

写真 D-10　泥水（乾燥を防ぐ良いもの）

【主人公】大きいゾウ

〈#9〉　写真 D-9

【物語】　浅瀬で天気が良くて光が入りこんでいて波もゆらゆら穏やかな海。底まで見える。水草は水中から外を見ている感じ。波がゆれる音がして，気持いい。日差しは暖かいけれど，水はまだひんやりと気持いいくらいの冷たさ。

〈#10〉　写真 D-10

【物語】　水を飲んだり，水浴びにきているゾウの親子。よくテレビで見るような映像。自然の中の動物のドキュメンタリー番組にでてくるような。ゴリラは樹のところにいて，ジャングルは樹が生い茂っている。向こうに広がっている。池は子ゾウの足ぐらい浅いもの。子ゾウが泥水に入って行こうとしている。ちょっと乾燥して暑いので，子ゾウは水浴びをして喜んでいる声がしている。

　以上の面接過程を表7（94-97頁）にまとめた。

3）心理的課題の自己評価の変遷（表8，98頁参照）

各課題項目の評価得点が5点に達成されるように評価されている。ただし，数字の動きに注目すると＃2「4→3→5」，＃3「1→4.9→0→5」，＃4「3.5→4.7→4.7→3→5」など上下の動きがあり，必ずしも徐々に上昇しているのではない。

4）1年後のフォローアップ

母親との関係は，母親に趣味ができ，少し付き合いやすくなったようである。

5）考察（ケースD）　表層の認知と深層の認知と現実適応が各レベルにおいて並行に動いた例：図4（162-163頁）参照

(イ) 認知‐物語アプローチの導入によるClの認知（表7参照）

母親との葛藤に悩んでいたことが，箱庭にイメージ表現され（＃5），自分にとってのバランスのいい母親との付き合い方を習得し，その後「自分の弱い面」も含めた「自分の心を見ようとすること」の自分自身に対する課題に気がついた，箱庭を作ることによって母親との課題に取り組み，その後，自分自身に対する心理的課題に気がついたケースである。

＃1．主人公のイヌは人間の親子に対して遊んで欲しいけど遊べてない状態。依存的な様子で近づいている。

＃2．冬の海の水は冷たい。おばあさんは過去を回想しているが，男の子は船の来るのを待って，どこかへ行こうと夢見ている。

＃3．Clの課題の中には「①自分のやりたいことと親の意向の折り合いをつけていく」という母親との葛藤関係の一端が垣間見える。

＃4．冬の湖の水は冷たいけどおいしそうだ，とウマは飲みに来ている。

＃5．水は非常に身近になったけれど，痛いほど冷たい。母親との確執が表現されているのか。主人公の女の子は白くて無感情，無表情である。母親から無視されるのがつらくて，傷つくから自分から見ないようにしている。

94　第3章　事例編：箱庭療法に認知‐物語アプローチを導入した適用例

表7　認知‐物語アプローチの導入による全段階の記録表

D	主人公	主人公の感情	主人公の思考	タイトル
♯1	イヌ	うれしい	どんなことして遊ぼうかな。	田舎の風景
♯2	おばあさん	淋しさ 思慕	昔の知人で男の人（10代後半の若い時に引越しで別れた恋人か？）といっしょにいるときのなんてことのない日々，時間に思いを馳せている。	おばあちゃん
		さっぱりしている	戻りたいと思いながらも，今までの人生には悔いはない。	
♯3	教会	①よろこび	①みんながなごやかに平和に時を過ごしているから。	のどかな朝10時ごろ
		②不安	②この幸せがいつまで続くのだろうか？	
			何も悪いことが起こらなければいいのに。	
♯4	ウマ（赤い方）			雪景色
♯5	真ん中の女の子（白くて無感情，無表情）	つらくて孤独な気持が悲しい	無視されるのがつらくて，傷つくから自分から見ないようにしている。感情を表に見せてないこと。	無機質
♯6	チンパンジー	①おじさんにみつからないか不安	①気づかれたらどうしようとビクビクしている。	異世界
		②安心感	②樹に守られている感じ。	
♯7	黄色いベンチにもたれている小人			小人たち
♯8	私	何も感じてない	世界が違う感じだからそれについてどうこう思わない。	お池にはまってさあたいへん
		世界が違う		

主人公の課題	作者と主人公との類似性	作者の心理的課題
いかに長く遊んでもらうか。	飼っているイヌを遊んであげてない。	(言語化できなかった)
楽しく遊んでくれる人がきてくれたらいい。	自分自身も遊んでない。お金もないし、レポートで忙しかった。	
	自分の欲求不満が出ているのかもしれない。	
家に帰って紅茶を飲むこと。ロッキングチェアーにすわってまた明日も船を見に行くこと。	(言語化できなかった)	クリスマスは暖かくて幸せな気分になれるからイルミネーションを見るために街に出て行くこと。
(言語化できなかった)	姪っ子(1歳ちょっと)がこっちに帰っていて、騒がしいけど穏やかでやさしい気持が持てる時間を過ごせた。	①自分のやりたいことと親の意向の折り合いをつけていく。
		②実験実習のレポートの統計処理をすること。
		③健康に過ごすこと。
寒いから野原のどこかにある住みかに戻ろう。	きのう家の近くで雪が降ったのでうれしい。	寝不足を解消すること。
耐え忍ぶこと。そのうち水もひいていくかな、ひいていけば歩いてむこうへいける。今は冷たくて動けないが。	母親と衝突した。母親は機嫌が悪くなると無視する。	あまりへこまずに気にせずに行く。
ちゃんと隠れること(見つからないように気づかれないようにこそっとしておく)。	こそっとしていること。	母親と世界がつながってほしいという希望を捨て、母親との付き合い方を考える。
怒っているふりをしている小人を誘って一緒にさぼること。横に並んで空を見る。	姉や兄がやってくれるので私はポーッとしている。	この波に乗じて母と仲直りする。
異世界にもう少し居ること。	今からここに入っていく。	一人で留守番をするあいだ、一人で怖いから平常心を保って生活する。

表7 (つづき)

D	主人公	主人公の感情	主人公の思考	タイトル
#9	水草	特にない	特にない。	浅瀬の海
#10	大きいゾウ	穏やかな気持	子ゾウに鼻で水をかけてあげよう。	泥水（乾燥を防ぐ良いもの）

　この箱庭のタイトルは「無機質」で，主人公の凍りついた感情を表現できないことを表していると思われる。ここでの主人公の課題は「耐え忍ぶこと」で，水がひいて岸まで歩けるようになるまでじっと耐え忍ぶつもりである。Clは，現実に母親との衝突があり，Clは「母親は機嫌が悪くなると（Clを）無視する」と言う。このことからClの心理的課題として，「あまりへこまずに気にせずに行く」という母親との関係で現実適応するための課題が導き出された。この日の彼女の感想では「心が表現されている」と述べ，Clは女の子を主人公にして自分のことを箱庭に表現したのである。ありのままの自分の心を直視するなかで自分自身にとって適応的な課題を見いだした。
　その後，#6「母親と世界がつながってほしいという希望を捨てること」という心理的課題が導き出された。母親とは世界が違うんだというあきらめの気持の表れでもあり，親離れの一歩とも思われる。
　#7．兄弟の力も活用して，母親と仲直りする。
　#8．現実には母親との関係を修復し，父と母の旅行中，一人で留守番をすることになり，怖がりだった自分に少し自信がついたかもしれない。
　#9．主人公は水の中に生えている水草である。水は非常に身近になった。光が入り日差しは暖かく，水の温度は気持いいくらいの冷たさ。母親との確執も気持のいい状態になったことを示しているのだろう。主人公の水草の課題は「太陽を浴びて元気に育とう」である。水温を心の温度と考える

主人公の課題	作者と主人公との類似性	作者の心理的課題
太陽を浴びて元気に育とう。	最近ストレッチを始めた。春だし、パワフルにがんばろう。	ストレッチをがんばって続ける。
		他のこともだらだらせずにやる。
水浴びしつつも外敵が来ないか気をつけること。	大きいゾウも小さいゾウも自分。子どもの弱い自分を大人の強い自分が守ってあげる。自分の弱い面（子ゾウ）に目を向けることも大切だし、守れる範囲で守ってあげる。	自分の弱い面を見ること。自分の心を見ようとすること。自分がどう感じているのかを見ようとすること。

と，凍っていた心が解けてきたようである。水草と同様 Cl は，「最近ストレッチを始めた。春だしパワフルにがんばろう」と元気が出てきたようだ。このことから Cl の心理的課題も「ストレッチをがんばって続けること」「他のこともだらだらせずにやる」と現実的で行動的なものが導き出された。母親との葛藤での落ち込みから回復し，現実的・行動的になっていくところである。

＃10．気候は暑いぐらいで，水浴びのための水が必要になっている。心が暖かくなってきたイメージ。泥水は，ゾウにとって飲み水だが，皮膚の乾燥を抑えるためのものでもあるので，生きるために役立つ水である。

水のイメージが＃1遠くて冷たいものから，＃10暖かく生きるために役立つ水へ変わった。

主人公の大きいゾウは，子ゾウに対して，水浴びしつつも外敵が来ないか気をつけている。Cl は作者と主人公との類似性を「大きいゾウも小さいゾウも自分。子どもの弱い自分を大人の強い自分が守ってあげる。自分の弱い面（子ゾウ）に目を向けることも大切だし，守れる範囲で守ってあげる」として，自分の弱いところに目をつぶってシャットアウトすると余計傷つくから Cl の心理的課題として「自分の弱い面を見ること」「自分の心を見ようとすること。自分がどう感じているのかを見ようとすること」が導き出された。

母親との関係では，全部はわかってもらえないという諦めを持つことによ

表8 心理的課題の自己評価表

D	作者の心理的課題	#1	#2	#3	#4	#5	#6	#7	#8	#9	#10
#1	（言語化できなかった。）										
#2	クリスマスは暖かくて幸せな気分になれるからイルミネーションを見るために街に出て行くこと。				4	4	4	3	5		
#3	①自分のやりたいことと親の意向の折り合いをつけていく。			1	4.9	0	5				
	②実験実習のレポートの統計処理をすること。			1	5						
	③健康に過ごすこと。			1	5						
#4	寝不足を解消すること。				3.5	4.7	4.7	3	5		
#5	あまりへこまずに気にせずに行く。					1.5〜3	4	5			
#6	母親と世界がつながってほしいという希望を捨て，母親との付き合い方を考える。						2	5			
#7	この波に乗じて母と仲直りする。							3	3	5	
#8	一人で留守番をするあいだ，一人で怖いから平常心を保って生活する。									5	
#9	ストレッチをがんばって続ける。他のこともだらだらせずにやる。									2.8	4.5
#10	自分の弱い面を見ること。自分の心を見ようとすること。自分がどう感じているのかを見ようとすること。										5

り，母親との適応的な付き合い方に気づいたようだ。

　その後，Cl は母親のこともシャットアウトしていた自分に気がつき，箱庭を作って，「自分の弱い面」も含めた「自分の心を見ようとすること」という課題を導いた。

㈠　Th における従来的見方

　初回，右上には大きな井戸。水は井戸の底にあり，遠くて深いところにある存在である。一般的に，水は無意識を表すとされ，母のシンボルとも言われている。ここでは，特に「水」の温度に注目してケースの流れをみていくことにする。

　2 回目では，おばあさんは昔の恋人が帰ってくるのを待って過去を回想している。男の子は船の来るのを待って，どこかへ行こうと夢見ている。冬の海の水は冷たい。4 回目，冬の湖の水は冷たいけどおいしそうだとウマは飲みに来ている。5 回目，真冬の凍った湖の真ん中に真っ白な女の子が立っている。水は非常に身近になったけれど痛いほど冷たい。現実に母親との衝突があり，母親との確執が表現されているのか。主人公の女の子は白くて無感情，無表情である。母親から無視されるのがつらくて，傷つくから自分から見ないようにしている。これは，中心化のイメージでもある。

　その次の回では，チンパンジーのようにビクビクしながら母親から見つからないように隠れているようだ。隠れているとまわりの木々に守られて安心なのだろう。その後の回では，小人がお天気のいいなかで休憩してぽーっとしているところが表現される。このように箱庭に母親との確執の状況を表現することでだんだん心がほぐれてきたのか，何とか一人で持ちこたえたようだ。現実には，そのころに兄姉の力をうまく活用して，母親と仲直りすることができたのである。

　8 回目，Cl は池の水面を覗き見ている。水は魂の鏡であると言われている。自分の魂を見ているのだろうか。この回は，2 回目のおばあさんのシーンと同じようにボーッとしている。これまでのところは，おばあさんのファンタジーの表現とも解釈できるかもしれないが，現実には母親との関係を修復している。

その次の回，水の中は光が入り日差しは暖かく，水の温度は気持いいくらいの冷たさになっている。母親との確執も気持のいい状態になったことを示しているのだろう。水温を心の温度と考えると，凍っていた心が解けてきたようである。

最終回，気候は暑いぐらいで，水浴びのための水が必要になっている。心が暖かくなってきている。泥水は，ゾウにとって飲み水だが，皮膚の乾燥を抑えるためのものでもあるので，生きるために役立つ水である。

水の温度とそのイメージが１回目では遠くて冷たいものから，最終回では，暖かく生きるために役立つ水へ変わった。現実には，母親との確執が解けるかどうかは本当のところ実現されたわけではないが，最終回の箱庭に示されたように将来，母親との関係が暖かく生き生きしたものに変化する可能性は示されたように思われる。

第５節　ケースＥ

１）事例の概要

女子学生Ｅ，21歳。特に悩みはないが，自己啓発のために継続的に箱庭制作を希望し，６カ月間に，初回以降は毎週１回で計10回の箱庭制作をした。

２）面接経過

〈＃１〉　写真Ｅ-１

【物語】　男の子と女の子と父母でこの家に住んでいる。お花畑に友だちを呼んで遊んでいる。お母さんはニワトリに餌をやっている。お父さんは牧畜をしている人で，休憩に帰っている。橋の向こうにウマやウシがいる。丘の頂上には実のなる木があり，りんごが落ちている。子どもたちは遊びでりんごを取りにいく。

〈＃２〉　写真Ｅ-２

【物語】　この女の子と男の子は友だちで，今日は２人で電車に乗って町に

第5節　ケースE　101

【主人公】女の子

写真E-1　幸せな生活

【主人公】黒い帽子の女の子

写真E-2　海と丘に囲まれた街

行く。それをお母さんは心配そうに見ている。子どもたちは遊んでいる。

〈#3〉 写真 E-3

【物語】 この子どもたちはバナナを採りに行って遊んでいる。お父さんとお母さんは畑仕事をしている。男の人2人は働いている人で，灯台のほうへ行くところ。右側は熱帯雨林のジャングルで動物がいっぱいいる。

〈#4〉 写真 E-4

【物語】 昼間，橋の向こうでは大人が畑で働いている。こっちでは公園で子どもたちが遊んでいる。黒い帽子の女の子は家から自転車でやって来て子どもたちの仲間に入れてもらおうとしている。

〈#5〉 写真 E-5

【物語】 子どもたちは今学校へ来たところで，運動場で遊んでいる。お父さんたちは今から働きに行く。お母さんたちは井戸端会議。病院の前には入院患者のおじさんが本を読んでいる。教会の前では賛美歌を歌っている人がいる。

【主人公】髪の毛の赤い男の子

写真 E-3　南国

第5節　ケースE　103

【主人公】黒い帽子の女の子

写真E-4　新しい街

【主人公】クマを抱いている女の子

写真E-5　街の朝

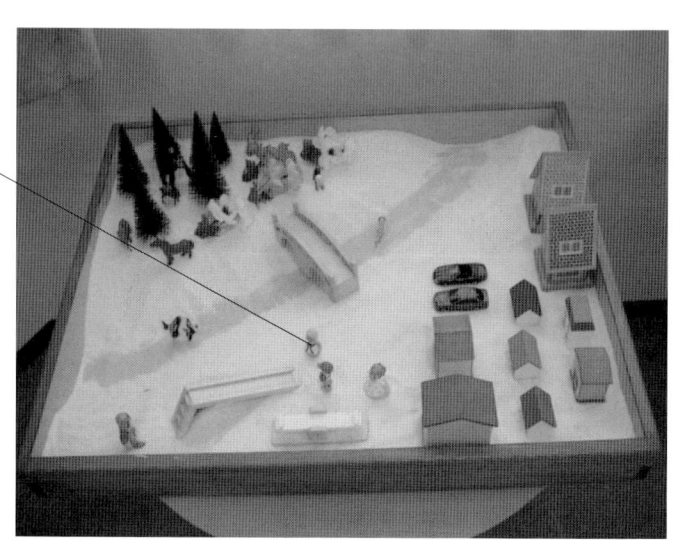

104　第3章　事例編：箱庭療法に認知－物語アプローチを導入した適用例

【主人公】水色の服の女の子

写真 E-6　別世界

〈#6〉　写真 E-6
【物語】　右側は住宅街で，川の向こうは動物や自然がいっぱい。子どもたちは遊具で遊んでいるけれど，「橋を渡って向こうには行くな」と親に言われている。まだ1回も行ったことないから気になる。

〈#7〉　写真 E-7
【物語】　子どもたちが遊んでいるけれど，田舎で広いところで家から公園まで距離があって自転車できている。本当は森も牧場も広い。おじいさんは散歩がてら公園にきて，子どもたちが遊んでいる姿を見ている。

〈#8〉　写真 E-8
【物語】　ものすごい暑い南国。先住民たちの村で男女の先住民は森に木を切りに行った帰りで，銃を持っている2人は村の番人。村の中では先住民の子どもたちが遊んでいる。海では主人公のイルカやシャチが平和に泳いで暮らしている。イルカは人間の世界を傍観している。この近くの海にいる。

〈#9〉　写真 E-9
【物語】　この人たちは，畑仕事をしていて，子どもたち（5人）は森の中

第5節　ケースE　105

【主人公】おじいさん

写真 E-7　おじいさんが見た風景

【主人公】イルカ

写真 E-8　人間と自然

106　第3章　事例編：箱庭療法に認知 - 物語アプローチを導入した適用例

【主人公】茶色の帽子の男の子

写真 E - 9　かくれんぼ

【主人公】つりをしているおじさん

写真 E - 10　平和

でかくれんぼをしている。主人公の男の子は木々の隙間からオニの男の子を見ている。女の子（金髪）はつかまっている。小人たち（子どものつもり）はカヌーで池へ遊びに行こうとしている。お花畑と森がある。季節は春で暖かい。

〈#10〉 写真E-10
【物語】　この池は動物も飲み水にしている。暮らしている人の生活の水。子どもたちは水遊び。この辺の生き物にとっては大事な池。おじさんはボーッと釣りをしている。おじさんはこのあたりの人ではなく旅人。魚は釣れていない。釣りが目的というよりはボーッとするのが目的。釣れる釣れないにはこだわっていない。天気が良くて暖かくて気持がいい。

以上の面接過程を表9（108-111頁）にまとめた。

3）心理的課題の自己評価の変遷（表10, 112頁参照）

評価得点が5点に達している課題項目と達していない課題項目が半々くらいある。数字の変化のあるところは，#4「人見知りはあるけれど，付き合いの幅を広げること」（1→3），#6「精神世界のことを知ること」（0.5→3.5），と上昇傾向である。

4）フォローアップ

卒業論文を書き上げ，大学院に進学した。

5）考察（ケースE）　表層の認知の変化が中心だった例：図5（164-165頁）参照

(イ) 認知-物語アプローチの導入によるClの認知（表9参照）

表層の認知のレベルでは現実的・具体的・行動的課題の変遷がみられ，自己・他者・世界・未来に対する課題の変化と共に認知の拡大の見られた例としてClからの報告を考察してみる。

未来に対する課題の変遷として，#1でのClの心理的課題「こんなところ

表9　認知-物語アプローチの導入による全段階の記録表

E	主人公	主人公の感情	主人公の思考	タイトル
♯1	女の子	①楽しい	①友だちがいて自由に遊べ幸せを感じている。	幸せな生活
		②まぶしすぎる	②太陽光線がきつすぎる。	
♯2	黒い帽子の女の子（小1ぐらい）	ちょっと不安 ゾクゾク	迷子にならないかなあ。ちゃんと電車に乗れるかなあ。お母さんのお使いだから，買い物ちゃんとできたよとお母さんをびっくりさせたい。	海と丘に囲まれた街
			子どもだけで街に行くのは初めてだから。	
♯3	男の子（髪の毛の赤い）	（バナナを採るのに）熱中している。	無心に採っている。暑くてだるいのを忘れるくらいに。	南国
♯4	黒い帽子の女の子	①不安	①仲間に入れてもらえるのだろうか。	新しい街
		②緊張	②街に引っ越してきた子でまだ馴染んでいない。	
		③わくわく	③新しい友だちができるかもしれない。きっと楽しいだろうな，と期待している。	
♯5	クマを抱いている女の子	①楽しい	①ひたすら遊ぶことに熱中。	街の朝
		②だるい	②今日は嫌いな算数の授業がある。	
♯6	水色の服の女の子	①楽しい	①友だちと遊ぶこと。橋の向こうの知らない世界に行ってみたい。	別世界
		②ゆううつ	②物足りない。	

主人公の課題	作者と主人公との類似性	作者の心理的課題
友だちを思いやり，兄妹とも遊べること。いい友だちが増えること。	現在の自分の生活とはかけ離れている。こんなにのびのびとした暮らしはしていない。自分は時間的にサークル，バイト，課題などで忙しい。友だちや妹と一緒にいて幸せを感じるところは似ている。	こんなところでのんびりすること。
ちゃんと言われたとおりにお使いをして帰ってくること。	大学院にちゃんと受かって親を安心させたい。	将来のこと（大学院のことも含めて）を明確に考えないといけない。
赤ちゃんのことも気づかいつつ自分も楽しむこと。	ないです。ボランティアで子どもとスキーに行く。子どもを楽しませつつ自分も楽しむ。	ボランティアでスキーに行く。スキーは初心者だけれど，それ以外のところで自分が役に立てるかどうか，どう働けるか探すこと。
新しい街に馴染むこと。	現実には「3回生の同じ目標を持ってがんばっている仲間と仲良くなっていること」では馴染んでいるが，「今日は追い出しコンパだけれど，この1年，ボランティアサークルに顔を出してないから1回生に馴染みがない。今の大学院にこだわらずに他の院のことも調べること」では馴染んでいない。	人見知りはあるけれど，もう少しつきあいの幅を広げること。
学校の授業をがんばること，ちゃんと先生の話を聴くこと。	4回生になると勉強ばかりになるかな，これから先もっと大変になるかな，と思うと嫌だなと思う。	4回生になったらしっかり勉強すること。
（記載なし）	友人がインドに旅行に出かけた。メールが来て，動物の中にまみれていることから連想。精神科のクリニックでバイトをすることになった。どちらも未知の世界で精神に関係のある世界。	精神世界（バイトやインド）のことを知ること。

表9 (つづき)

E	主人公	主人公の感情	主人公の思考	タイトル
♯7	おじいさん	なごやかな	子どもたちが遊んでいるのを見て元気やなあ，若いなあと思っている。自分の若いころをなつかしむ。	おじいさんが見た風景
♯8	イルカ	不思議	人間の世界を見て，自分の世界とは違うなあと思っている。	人間と自然
♯9	茶色の帽子の男の子	楽しい	じょうずに隠れてやろう。オニに見つからないようにちょっとヒヤヒヤしている。	かくれんぼ
♯10	つりをしているおじさん	平和やなあ	何も考えていない。自分のことを考えたくないから平和なところへ行ってボーッとしている。	平和

でのんびりすること」が導き出された。これは，Clの願望であるが，未来に対する課題でもある。♯2，主人公とClは，「親を安心させたい」ことで共通しており，Clは「親を安心させるためにはどうすればいいか」と考えて，Clに引き戻して，「将来のこと（大学院のことも含めて）を明確に考えないといけない」という未来に対する課題が導き出された。

♯10，旅人のおじさんは，自分のことを考えたくないから平和なところへ行ってボーッとしている。Clにとっての「平和」とは，悪い大きなできごとが起こらずに，あまり悩みもなく，普通の日常生活が送れることである。ここでの主人公のおじさんの課題は「考えるのが嫌で今は平和なところにいて，現実逃避しているから，ちゃんと考えて，自分のことや将来のことを直視すること」である。

主人公とClは，「現実逃避したいこと」で共通しており，これは，現実に

主人公の課題	作者と主人公との類似性	作者の心理的課題
子どもたちを遠くから見守ること（もし怪我でもしたら手を差し伸べる）。	見守るという点からするとサークルは引退したが，コーチをすることになった。私はあまり参加できないし，下級生も自分たちで考えてしているので，自分は口を出すより見ておこうとしている。	遠くから見守るだけでなく，役に立てるような働きをすること。
海では平和に暮らすこと。	村の番人は獰猛な動物から村を守るために動物を殺すこともある。そういうのを見て，海では平和に暮らしたいなあと思っている。人間は魚を漁って食べるので，それを見ると淋しさを感じるところ。	平和に暮らすこと。
いかにうまく隠れるか。	（記載なし）	（記載なし）
現実逃避しているから，ちゃんと考えて，自分を直視すること。	現実逃避したいこと。忙しくて最近急に疲れが出てきている。サークル，バイト，勉強会，卒論，英会話で疲れている。	休むところでは休むことができること。

は，Cl がサークル，バイト，勉強会，卒論，英会話に忙しくて，最近急に疲れが出てきていることからきているようである。＃1 の課題のようにただ「のんびりすること」だけでなく，「将来のことを考えると不安になるので，いろいろやり過ぎるから休むところでは休むこと」と未来に対して，自分自身をコントロールすることという自分に適したバランスを重視した心理的課題が導き出された。

他者に対する心理的課題の変遷としては，＃3，主人公と Cl の共通点は，「子どもを楽しませつつ自分も楽しむこと」で共通しており，このことから Cl の心理的課題「ボランティアでスキーに行く。スキーは初心者だけれど，それ以外のところで自分が役に立てるかどうか，どう働けるか探す」という自分中心の視点から，他者に対する視点も含めて自分のできることを探すという段階に広がった。主人公と自分を重ね合わせることで，他者と自己に対

表10 心理的課題の自己評価表

E	作者の心理的課題	#1	#2	#3	#4	#5	#6	#7	#8	#9	#10
#1	こんなところでのんびりすること。										
#2	将来のこと（大学院のことも含めて）を明確に考えないといけない。		1.5	1.5	2	2	2	2.5	2.5	2.5	3
#3	ボランティアでスキーに行く。スキーは初心者だけれど、それ以外のところで自分が役に立てるかどうか、どう働けるか探すこと。			2	2	5					
#4	人見知りはあるけれど、もう少しつきあいの幅を広げること。				1	2	2	2	3	3	3
#5	4回生になったらしっかり勉強すること。					1	1	1	1	2	3
#6	精神世界（バイトやインド）のことを知ること。						0.5	2	3	3.5	3.5
#7	遠くから見守るだけでなく、役に立てるような働きをすること。							2	5		
#8	平和に暮らすこと。								5		
#9	（記載なし）										
#10	休むところでは休むことができること。										2

するバランスの良い，より適応的な課題を導いた。

　#7，ここでの主人公のおじいさんの課題は「子どもたちを遠くから見守ること（もし怪我でもしたら手を差し伸べる）」である。主人公とClは，「見守るという」点からすると，Clは，現実には「サークルは引退したが，コーチをすることになった。自分はあまり参加できないし，下級生は自分たちで

考えてしているので，自分は口を出すより見ておこうとしている」ことで共通しており，このことから作者の心理的課題「遠くから見守るだけでなく役に立てるような働きをしたい」が導き出された。物語の中では，「見守ること」が課題であるが，他者に対する自己の課題は見守るだけでなく，もう少し能動的になって「役に立てるような働きをすること」と変化した。

　自己に対する心理的課題の変遷としては，＃4で主人公の女の子は，わくわくして，新しい友だちができるかもしれない，と期待している。その一方では，仲間に入れてもらえるのだろうか。街に引っ越したばかりでまだ馴染んでいないので，不安と緊張感でいっぱいになる。ここでの主人公の課題では「馴染むこと」がキーワードである。現実に「同じ目標を持ってがんばっている仲間と仲良くなっているので「馴染んで」きているのだが，一方「今年度はサークルに顔を出してないから1回生に馴染みがないこと」と，進学するに当たって「馴染みのない他大学の院に進学することも視野に入れた」ことが現実での「馴染んでない」問題として，焦点づけられた。そこで，「馴染みのないところに入っていくための」問題解決法として，自己に対する心理的課題「人見知りはあるけれど，もう少しつきあいの幅を広げること」が導き出された。

　世界に対する心理的課題の変遷としては，＃6で女の子は，橋の向こうの知らない世界に行ってみたいと思い，この箱庭のタイトルは「別世界」で，自分の知らない動物や自然がいっぱいの世界に行ってみたいと興味は持っているけれど，親に止められているという葛藤状態。そのせいか，主人公の課題は決まらなかった。現実には，友人がインドに旅行に出かけ，動物の中にまみれているというメールが来たことや，精神科のクリニックでバイトをすることになったことなど，どちらも未知の世界で精神に関係のある世界ということから連想した。主人公とClは，未知の世界に対する関心という点で共通しており，Clは，葛藤状態の問題解決方法として精神世界に行くという行動を起こす前にまず，「精神世界のことを知ること」という心理的課題が導き出された。

　＃8，主人公のイルカは，人間の村で人間たちの会話を聞いて，不思議な

気持になり，人間の世界は自分の世界とは違うなあ，と思う。タイトルは「人間と自然」で，ここでのイルカの課題は「海では平和に暮らすこと」である。Clは，「村の番人は獰猛な動物から村を守るために動物を殺すこともある。人間は魚を漁って食べるので，それを見ると淋しさを感じる」ことでイルカの側の視点に立っており，このことからClの心理的課題「平和に暮らすこと」が導き出された。これは，タイトルにあるように，自然と人間の共存を目指して「平和に暮らすこと」であると思われる。世界に対する認知の変容でもあるだろう。

　この事例では，現実的・行動的な課題が多かったが，心理的課題の変遷により，自己・他者・世界・未来に対する視点の変化と共に，表層の認知の拡大が見られた。

　㋺　Thにおける従来的見方

　このケースは，初回の箱庭の左上の部分にあるりんごの木とその下にある2個のりんごが印象的である。タイトルにあるように，「幸せな生活」を求めているようである。ここでは，箱庭の左上の部分の変化を見ていく。2回目は電車に乗って出かけていく街の世界，3回目は川の向こうに灯台，4回目の川の向こうは大人の世界である。5回目は大人の街，6回目は子どもが行くのを禁じられている自然がいっぱいの世界。7回目も遠くにある森で，子どもたちは行くのを禁じられているところになっている。8回目では，イルカやシャチが平和に泳いでいる海。初回の「幸せな生活」の流れが続いているようだ。

　9回目，左上の部分はこれまでずっと，子どもたちが行くのを禁じられているような大人の世界であったが今回は，子どもたちがかくれんぼをしている森になる。やっと，Clも無意識の探求ができるようになったようだ。しかし，10回目に置かれたのは，暖かくて気持のいい日におじさんが池でボーッと釣りをしているところで，これも初回の「幸せな生活」の流れに通じるものがあるようだ。

　結局，9回目になってやっと，無意識の世界に入りだしたが，それ以上は深まらなくて，深層のイメージは最終回も初回もあまり変わらなかったよう

に思った。現時点では，深層イメージにまで掘り下げる必要がなかったのかもしれないし，掘り下げないように蓋をしていたのかもしれないが，表層イメージが変化しても深層の変化がない場合の意味を考えておくことも必要であろう。

第6節　ケースF

Fの事例について，♯1は全過程を，♯2～♯10は写真と物語を先に，その後で全過程を表で記載した。

1) 事例の概要
女子学生F，21歳。進路や対人適応について悩む大学生。継続的に箱庭制作を希望し，6カ月間に10回の箱庭制作をした。

2) 面接過程
〈♯1〉　写真F-1
第1段階
【作成過程の想起】　右上に山を作って，左下に海，山と海をつなぐ川をつくる。海には魚とイルカ。山の方に樹と野生のサルの親子。川沿いに家を置いた。家の左側にはお兄ちゃんお姉ちゃんがいる。反対側は休みの日でお父さんが家にいる。お父さんは下の子の世話をしている。お母さんは家事をする人。橋をはさんで右側は平日の学校の放課後。学校の菜園には遊んでいる子たち。校舎の周りは林。裏にウサギ，ニワトリを置く。
【主人公】　赤ちゃん（下の女の子，1歳未満）
【物語】　左側：お兄ちゃんとお姉ちゃんは，休みの日で遊んでいます。お父さんは庭仕事を終えて家に帰ってきて赤ちゃんの世話をしています。お母さんは忙しそうに家事をしています。右側：橋を渡ったら赤ちゃんは小学生になっています。平日の学校の放課後で大きくなった自分の友だちがいます。

【主人公】赤ちゃん（下の女の子、1歳未満）

写真 F-1　自分の昔の風景

第2段階

【主人公の感覚】〔視覚〕お父さん。〔聴覚〕お兄ちゃん・お姉ちゃんの話している声，ペットの鳴き声，お母さんがお父さんを呼ぶ声。〔その他の感覚〕晩御飯の準備のにおい。においといえばカレーのにおい。空腹感。

第3段階

【主人公の感情】　喜び
【主人公の感情】　悲しみ

第4段階

【喜びの感情のときの主人公の思考】　お父さんが家にいて，相手をしてくれる。

【悲しみの感情のときの主人公の思考】　お母さんが忙しくしているので，かまってくれない。兄・姉の仲間に入れてもらえない。

第5段階

【タイトル】　自分の昔の風景
【主人公の課題】　立ち歩けるようになること。みんなの仲間に入れること。

【作者と主人公との類似性】 左側は昔の自分と家族の姿。
第6段階
【作者の心理的課題】 将来のことを考えること。
〈#2〉 写真F-2
【物語】 女の子は緑屋根の家へ行きたいけれど，近道をすると怖い動物がいるし，遠回りをすると怖い動物は来ないけど，山を越えなければいけない。ヘビは危害を加えない（どちらかというと味方で，道を教えてくれる役）が，この子は怖がっている。まだ出かけてないけれど，行こうという気はある。どっちの道を通るかはまだ決めていない。どちらも大変は大変。
〈#3〉 写真F-3
【物語】 左側は砂丘。ワニは親切心からウサギの渡し役をしている。井戸のウサギも海の向こうの人。他の動物たちは地元で生きている。
〈#4〉 写真F-4
【物語】 子どもたちが遊んでいる。隣の家の子どもとお母さん同士は仲が

【主人公】真ん中の女の子

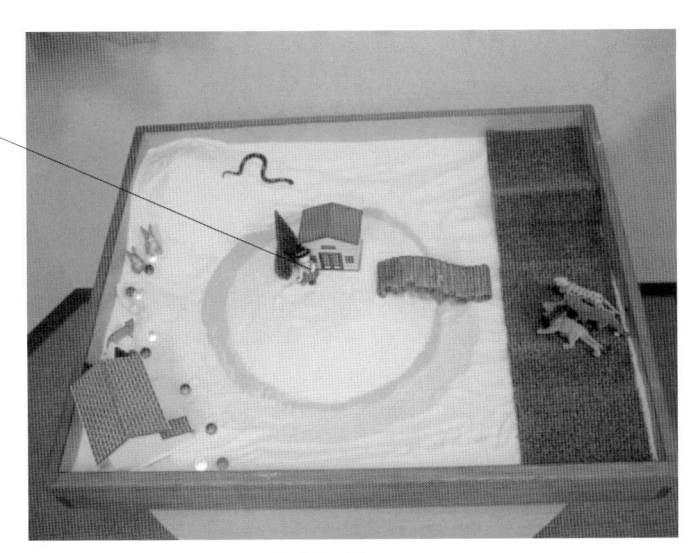

写真F-2　かわいい子には旅をさせよ

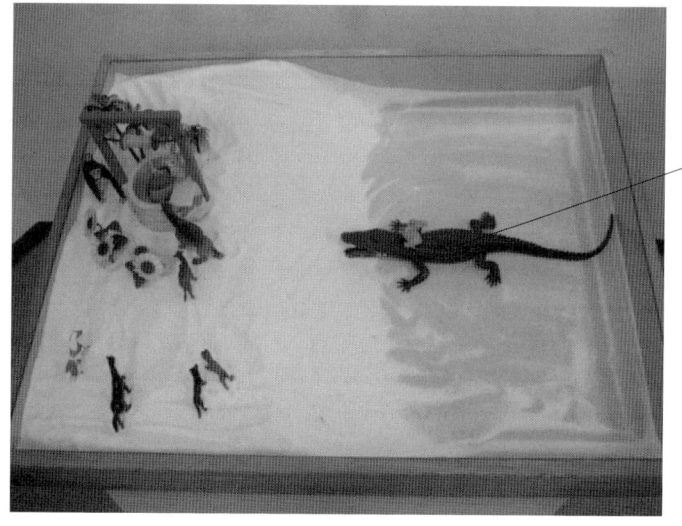

118　第3章　事例編：箱庭療法に認知‐物語アプローチを導入した適用例

写真F‐3　渡しワニ

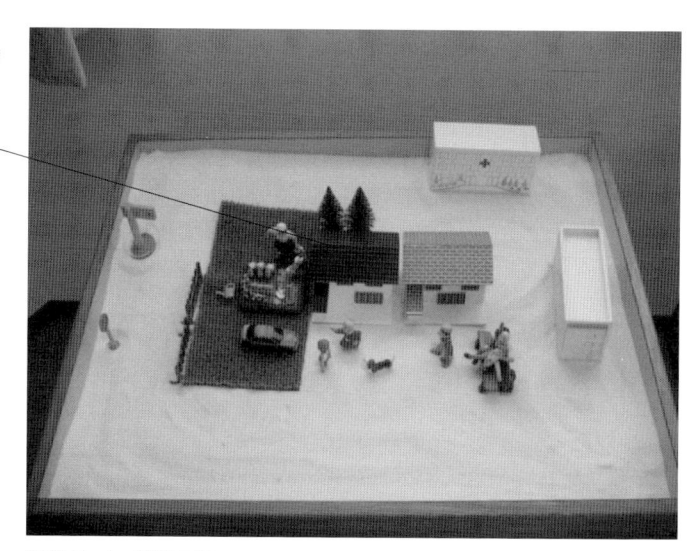

【主人公】ワニ

写真F‐4　理想の家

【主人公】青屋根の家

写真F-5　手紙

[主人公] 女の子

よい。青屋根の家のお母さんは家事をしている。子どもは姉と弟で遊んでいる。緑屋根のお母さんは下の子の世話をしている。

〈#5〉　写真F-5

【物語】　並木を境に，実際は遠くに離れていることを表している。この女の子は手紙をポストに投函したところで，郵便屋さんは郵便物を取りにきて女の子と居合わせた。この女の子は最初並木の向こうの世界に住んでいた。花を置いて示しているように，こっちの世界もいいところ。たまに，寂しくなって向こうの世界に手紙を送る。

〈#6〉　写真F-6

【物語】　フクロウは真ん中の森が住みか。ご神木みたいな大きな樹に住んでいる。ここの森は前はもっと大きかったんだけど，小さくなって街になった。ネイティブ・アメリカンもトラたちもフクロウを狙っている。ウサギ，イヌは狙われる立場なんだけど狙われないで，トラたちと一緒にやっている。フクロウは警戒中。

【主人公】フクロウ

写真 F-6 危険

〈#7〉 写真 F-7
【物語】 日常の一こま。昼さがり，みんながそれぞれ仕事をしている。赤ちゃんも遊ぶのが仕事。郵便屋さんは手紙をガサッと届けた。父や母にも昔の友だちからの手紙や事務的なもの（領収書）が届いた。

〈#8〉 写真 F-8
昨日起こった偶然を表現した。
【物語】 私の下宿（赤屋根）でキューピー（どっちも私）はネット上でチャットをしていた。女の人はバーチャルなT市の人。青屋根の前のキューピーはバーチャルな私。ガラス玉はネット回線。橋から上の右側はO市で左側はT市。橋から下が過去。同じものが過去にあった。彼女と自分は出身地が同県市内，同じ物を見ていたかもしれないと思うと感動した。

〈#9〉 写真 F-9
【物語】 この灯台が強いイメージ（神様っぽい）。だからみんな寄っていっている。本当は小さいイルカをなしにしようとしたけれど，微力ながら逆らうものを置きたかった。小イルカは無理なのに逆らいたいやつで，みん

第6節 ケースF　121

【主人公】お母さん（30代前半）

写真F-7　日常

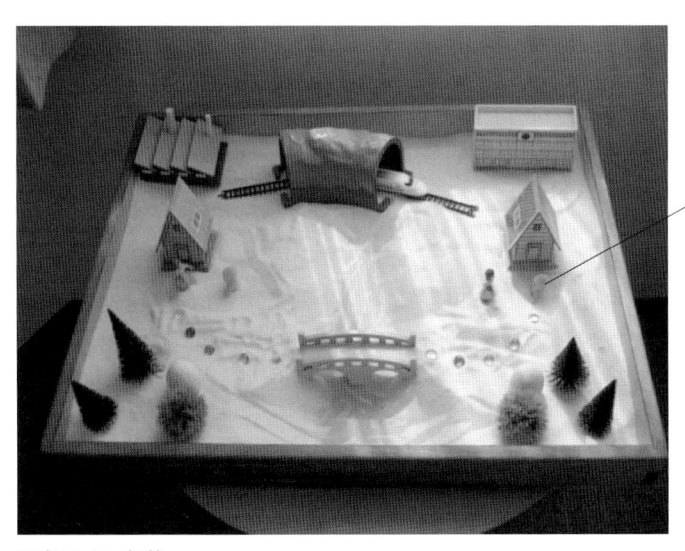

【主人公】キューピー

写真F-8　偶然

122　第3章　事例編：箱庭療法に認知－物語アプローチを導入した適用例

【主人公】灯台

【主人公】小イルカ

写真F-9　灯台とイルカ

【主人公】ウサギ

写真F-10　枯れた井戸

なと一緒が嫌で，反骨精神がある。けれど，小イルカはみんなのことを嫌がっているのではなく，奔放にしている感じ。小イルカは灯台に寄っていく人たちのことを「それはそれでいい」と思っている。小イルカは灯台に，あえて逆らおうという気もないし，従う気もない。大イルカたちからすると小イルカは目障りで，和を乱すような感じがしている。

〈#10〉 写真 F-10
【物語】 井戸は枯れてしまっていて柵がしてあって，みんなは「井戸に水が出て欲しいなあ」と思っている。でも出ないので，樹も枯れている。社は雨乞いのためにつくられたけど，誰も見向きもしていない。この地域は水が少ない。昔は，たぶん人が住んでいて，お社も人がつくったのだろう。豚は，水が欲しいけれどないので，がんばって生きている。

以上の面接過程を表11（124-127頁）にまとめた。

3）心理的課題の自己評価の変遷（表12，128頁参照）
ほとんどの課題項目の評価得点が上昇傾向で，4点または5点に達したなかで，#9「子どもの部分を持ちつつ現実生活ができる大人を目指す」という課題は変わらなかった（2→2）。

4）一年後のフォローアップ
「今までどういうことをやってきたと思いますか？」という質問に対して，Clは「将来の計画を立てる手助けになった。現在の状態の整理をつけられ，自分のやっていることの確認ができ，自分の心の中を占めている重要なものが出てきた」と述べた。

「この箱庭の後，現実に起こったことは？」という質問に対しては，Clは「就職は地元の大手企業に決まった」と述べた。

表 11 認知 - 物語アプローチの導入による全段階の記録表

F	主人公	主人公の感情	主人公の思考	タイトル
#1	赤ちゃん	①喜び	①お父さんが家にいて相手をしてくれる。	自分の昔の風景
		②寂しい	②お母さんが忙しくしているので，かまってくれない。兄・姉の仲間に入るのは早い。	
#2	真ん中の女の子	①寂しい	①誰かと一緒にいたいなあ。まあいいか。	かわいい子には旅をさせよ
		②ゆううつ わくわく（好奇心もあるけれど）	②大変だよなあ，あそこへ行くのは。だからまだここにいる。	
#3	ワニ	①うれしい	①ウサギの役に立っている。島の動物たちはみんなペアーで楽しそう。	渡しワニ
		②寂しい	②自分はペアーでないから。	
#4	青い屋根の家	楽しい うれしい	やる気に満ちている。家族を守ろう。	理想の家
#5	女の子（黄色いスカート）	①寂しい	①向こうの国を思い出してこっちでの話を向こうの友だちに聞いてもらおう（近況報告）。向こうの友だちは自分のことを忘れてないかなあと思ってるんだけど，こっちの子たちは手紙を待っている。	手紙
		②楽しい	②こっちの生活でも友だちがいて，学校にもいるので通ってこっちの世界で嫌なことはない。	
#6	ふくろう	怖い 危ない	人間に殺されそう。森に入ってきている人もいるし，猛獣もいるし危ないなぁ。	危険
#7	お母さん30代前半	①疲れ	①やるべきこと(家事)はやっているのでいい汗かいた。	日常
		②満ち足りた感じ	②これでいい。	

主人公の課題	作者と主人公との類似性	作者の心理的課題
立ち歩けるようになること。 みんなの仲間に入れること。	左側：昔の自分の姿。家族の変遷。 右側：橋を渡ったら小学生になっている。大きくなった自分の友だち。	将来のことを考えること。
したいことがあるんだったら我慢とか乗り越えるとかしないといけない。	就職活動まだ始めてないけど、教員採用試験の問題集を買った。	行動を起こすこと。 問題集とかともかくやらなくては、始めること。
渡しワニも仲間を見つけること。	行動を共にする仲間を見つけること。	一人でもやっていけるようになること。
倒れない、壊れないこと。	将来こんな家に住みたい。庭付き一戸建て家庭菜園付き、学校と病院が近くにあるような家に住みたいと思っているところ。	（家庭に）落ち着くこと。
こっちの話を向こうの友だちに聞いてもらうこと。 手紙を待つこと。	主人公の女の子は地元にいる自分で、向こうの世界は地元を離れて通っていた大学の世界。	いろんな人とつながりを持つこと。
猛獣のほうの危険にも気づくこと。	車に乗ってて2台前の車がぶつかって怖い思いをした。	うまく逃げること。身を守ること。
世界が狭いので外を見る必要もある。	家にこもっていても外とつながっていることに、あこがれているところ。	専業主婦にプラスαの可能性を探すこと。

表11 (つづき)

F	主人公	主人公の感情	主人公の思考	タイトル
#8	キューピー(自分)	①驚き	①あり得ない。ネットは世界中からくるのに，素性も知らずHPにきてくれた人で一番仲のいい人が同じ市で子ども時代を過ごした人だとわかった。	偶然
		②怖い	②前世の因縁かあまり素性がわかられるのも怖い。	
#9	灯台 小イルカ	①気分がよい	①自分は正しい。	灯台とイルカ
		②ん？	②従わない人がいるってことは自分は正しくないことがあるのかな。 やりきれないから相手を無視している。	
#10	ウサギ	①がっかり	①やっぱり，今日も出てないな。 水は出なくても生活はできるし，ないならないでがんばって生きている。	枯れた井戸（悪い意味ではない）
		②期待されるプレッシャー	②自分ががんばってもどうしようもないけど，がんばらなくては。	

5）考察（ケースF） 表面の適応を重視するあまり，深層のものを汲み上げきれないことを表している例：図6（166-167頁）参照

(イ) 認知‐物語アプローチの導入によるClの認知（表11参照）

Clの報告では，#1の主人公の赤ちゃん（下の女の子，1歳未満）が，お兄ちゃん・お姉ちゃんの話している声を聞いて，悲しい気持になり，兄・姉の仲間に入れてもらえないと思っている。この箱庭のタイトルは「自分の昔の風景」である。ここでの主人公の課題は「立ち歩けるようになること，みんなの仲間に入れること」である。主人公の赤ちゃんとClは，「家族の中での昔の自分の姿」が共通しており，これと主人公の課題から作者の心理的課題「将来のことを考えること」が導き出された。

主人公の課題	作者と主人公との類似性	作者の心理的課題
彼女とはインターネットの上でもっと親しくなること。	ある。夕べの私が主人公。	親しくなりつつもプライバシーは守ること。
灯台はイルカを認めた上で自分の主張ができること。	自分にとって灯台は現実＝安定した生活のイメージ。小イルカは子ども。「大人になるんだったら理想の大人になりたいけど、まだなりたくないかな」と思っているところ。	子どもの部分を持ちつつ現実生活ができる大人を目指すこと。
水が出る出ないにかかわらず通い続けること。	井戸水はお金とか才能のイメージ。この先そんなに稼げる予定はないけれど、ないならないで家族で仲良く暮していきたい。	普通の生活をしていく中で、いざとなれば自分の世界（創作の世界）もある、といえるものを持てること。

＃2．この箱庭のタイトルは「かわいい子には旅をさせよ」である。Clも、今いる世界（大学）から外（社会）に出て行く（就職）活動を始めようとしている。これらからClの心理的課題「行動を起こすこと。問題集とか、ともかくやらなくては、始めること」が導き出された。

＃3．渡しワニだけが一匹。主人公のワニは、ウサギの役に立てていると思い、うれしい気持になり、その一方で、島の動物たちはみんなペアーで楽しそうに見える。ワニは自分はペアーではないから寂しい気持になる。ワニの課題は「（一緒に渡しをやろうという）仲間を見つけること」である。ワニとClは、「行動を共にする仲間を見つけること」で共通している。さらに、Clの心理的課題は仲間を見つけることだけでなく、「一人でもやっていけるようになること」が導き出された。

表12 心理的課題の自己評価

F	作者の心理的課題	#1	#2	#3	#4	#5	#6	#7	#8	#9	#10
#1	将来のことを考えること。										
#2	行動を起こすこと。問題集とかともかくやらなくては，始めること。		1	1	2	2	3	3.5	4	4	
#3	一人でもやっていけるようになること。			2.5	3	5					
#4	（家庭に）落ち着くこと。				2.5	5					
#5	いろんな人とつながりを持つこと。						3	4	4.5	5	
#6	うまく逃げること。身を守ること。						2	4	4	4	
#7	専業主婦にプラスαの可能性を探すこと。							3	4	4	5
#8	親しくなりつつもプライバシーは守ること。								5		
#9	子どもの部分を持ちつつ現実生活ができる大人を目指すこと。									2	2
#10	普通の生活をしていく中で，いざとなれば自分の世界（創作の世界）もある，といえるものを持てること。										4

＃4，「理想の家」は「倒れない，壊れない」のである。理想の家のそばには病院も学校もある。セラピーの必要性を示しているのだろうか。それは，Clの，「将来住みたい家」のイメージに含まれており，このことから作者の心理的課題「（家庭に）落ち着くこと」が導き出された。

＃5，主人公の女の子は，手紙を待っているが自分のところには来ていない。寂しい気持になり，向こうの国を思い出した。こっちでの話を向こうの友だちに聞いてもらおう。向こうの友だちは自分のことを忘れてないかなあ

と思っている。ここでの主人公の課題は「こっちの話を向こうの友だちに聞いてもらうこと。手紙を待つこと」である。これらからClの心理的課題「いろんな人とつながりを持つこと」が導き出された。

＃6．主人公のフクロウは，人間を見て，人間の話し声や鉄砲の音を聞いて，怖い（危ない）気持になり，「やばい，人間に殺されそう。森に入ってきている人もいるし，猛獣もいるし，危ないなあ」と思っている。この箱庭のタイトルは「危険」で，ここでの主人公の課題は「猛獣の方の危険にも気づくこと」である。主人公とClの共通点は，「車に乗っていて，2台前の車がぶつかって怖い思いをした」と述べている。これらから作者の心理的課題として，「うまく逃げること。身を守ること」が導き出された。

＃7．主人公のお母さん（30代前半）は，春から初夏のちょっと暑い日に，郵便屋さんがきたのに気づく。赤ちゃんが遊んでいる音が聞こえるなかで，お母さんは郵便屋さんに挨拶する。ちょっと疲れた気持ではあるが，やるべきこと（家事）はやっているので，いい汗をかいた。ちょっと疲れてはいるが，これでいいと満ち足りた感じになる。この箱庭のタイトルは「日常」である。ここでの主人公の課題は「世界が狭いので外を見る必要もある」のである。箱庭のお母さんとClのお母さんは共通しており，このことから作者の心理的課題「専業主婦にプラスαの可能性を探すこと」という促進的な課題が導き出された。将来の自分の姿を30代前半の母親に置き換えてシミュレートしているように思える。

＃8．Clは前日に体験したシンクロニシティを箱庭に表現した。主人公のキューピーは，空腹を感じながら自宅の部屋のパソコンを介して相手と交信している。そして，相手が同郷であったことを知って驚く。インターネット上で一番仲のいい人が，同じ市で子ども時代を過ごした人だとわかり，これは前世の因縁か，先祖の因縁かと怖いと思っている。この箱庭のタイトルは「偶然」で，ここでの主人公の課題は「彼女とはインターネットの上でもっと親しくなること」である。主人公のキューピーは，「私」と重なっており『自分は，人との付き合い方も幼稚な，赤ちゃんのようなイメージ』なのだろう。このことから作者の心理的課題「親しくなりつつもプライバシーは守

ること」が導き出された．Clはプライバシーを守りながらいろんな人と交流を持つ，という大人の付き合い方を心理的課題とした．

＃9．主人公は「灯台とイルカ」になった．2段階では主人公は灯台が中心になり，「地球上のすべてのものが見え，まわりが慕ってくれる声がきこえる」，「ん？（変だな）」と思っているときの灯台は「従わない人がいるってことは，自分は正しくないことがあるのかな．やりきれないから相手を無視しよう」と考える．その一方で，第2の主人公，小イルカの気持は「気分がよい」．そのときの小イルカは，「自分は正しい」と考えている．この箱庭のタイトルは「灯台と（小）イルカ」で，灯台からの視点と小イルカの視点の両方がテーマになっている．ここでの灯台の課題は「小イルカを認めた上で自分の主張ができること」で，Clにとって灯台は現実の象徴で，「理想の大人で安定した生活ができる」というイメージ．小イルカは「子ども」のイメージで，「大人になるんだったら理想の大人になりたいけど，まだなりたくないかな」と思っているClを表している．このことからClの心理的課題は灯台と小イルカを統合したような，「子どもの部分を持ちつつ現実生活ができる大人を目指すこと」が導き出された．将来に対するイメージが＃1よりも内容がより具体的になってきた．しかし，小イルカは孤軍奮闘してがんばりすぎているようにも見える．

＃10．主人公のウサギは，枯れている井戸，へたっている仲間たちを見て，まわりにいる仲間が「水を欲しい」と願っている声を聴いている．「やっぱり今日も出てないな，井戸は水が出ればいいな，水は出なくても生活はできる．水はないなりにがんばって生きている」と考えてがっかりしている気持になっている．その一方で，仲間の期待を背負ってプレッシャーを感じているときの主人公は，自分ががんばってもどうしようもないけど，がんばらなくてはと考えている．この箱庭のタイトルは「枯れた井戸（悪い意味ではない）」で，ここでの主人公の課題は「水が出る出ないにかかわらず通い続けること」である．主人公のウサギとClは，「この先そんなにお金を稼げる予定はないけれど，お金や才能がないならないで，家族で仲良く暮らしていきたい」ことで共通しており，このことからClの心理的課題「普通の生活を

していく中で，いざとなれば自分の世界（創作の世界）もある，といえるものを持てること」が導き出された．

最終的に Cl は，井戸が枯れたからといってあきらめないで，「水が出る出ないにかかわらず通い続けること」という将来に対するイメージを獲得した．最後の箱庭制作から約1年後のフォローアップでは，「心理的課題は自分の努力目標になっている．小説などの創作活動は中学生のときから始めて今も続けているが，自分の才能に見切りをつけることができた．箱庭に出し切って区切りをつけたせいか，今の自分は作家になるほどの才能はないと納得した」と言い，現実には一般企業に就職した．

現実適応にエネルギーを注ぐあまり，深層からのエネルギーを汲み上げそこねたことを Cl が自覚しているかが重要となるだろう．今後の課題としては，現実適応にがんばりすぎないで，自分の中の創作に向けるエネルギーも大事にすることと思われる．

(ロ) **Th における従来的見方**

初回，左下の海のイルカはまだ無意識の水の中にいる．イルカはその後どのような動きをするだろうか．橋を渡った小学校の裏にはちょっと臆病で用心深いウサギが飼われていることなどが気になっている．

次の回，女の子は現状からどうやって出て行こうか思案している．目的地には，一緒に遊べるウサギやネコもいるけれど，どちらの道をとるにしても大変そうである．

3回目では実際に動き出し，ウサギはワニの背に乗せてもらって海を渡った．海の向こうの地では井戸から無意識を象徴する水をくみ出している．動物たちも集まってきている．サルの親子やラクダも親子になっている．動物たちはみんなペアーで，ウサギもペアーになった．渡しワニだけが一匹でさみしそうである．

4回目の「理想の家」は「倒れない，壊れない」．理想の家のそばには病院も学校もある．セラピーの必要性を示しているのだろうか．

5回目，他の人との交流はもっぱら手紙で，ちょっと距離がある．

6回目，Th はフクロウで表される知性的な面が，トラやネイティブ・ア

メリカンなどで表される本能的な攻撃的なものに脅かされているように見える。無意識を表す森が小さくなって都会に変わり意識化が進んでいる。近代化が進んだなかで何か危険が迫っているような感じがする。

7回目では，過去の幸せな家族の情景が表現される。このときには，井戸からは生活に使う水がくみ出されている。

8回目，Clは前日に体験したシンクロニスティックな出来事を箱庭に表現した。主人公のキューピーは，空腹を感じながら自宅の部屋のパソコンを介して相手と交信している。そして，相手が同郷であったことを知って驚く。インターネット上で一番仲のいい人が，同じ市で子ども時代を過ごした人だとわかり，これは前世の因縁か，先祖の因縁かと思い，偶然にしてはちょっと怖いと思っている。Clは交信して繋がりたいけれど，行き来する途中にいるものが，ヘビ（#2），ワニ（#3），トラ（#6）など怖いものばかりで，繋がりたいと思っているものは「幸せな過去」である。しかし，Clが本当に繋がらなければならないものとは，怖くて繋がれない状態にあると思われる。

9回目，灯台に向かって大きいイルカたちが泳いで行き，中心化の動きが感じられる。小イルカは他のイルカとは反対の方向を向き，孤軍奮闘してがんばりすぎているようにも見える。この小イルカの動きはClの姿とだぶる。

10回目，井戸が枯れた。無意識の英知を象徴する水をくみ上げることができなくなった。最終的にClは，井戸が枯れたからといってあきらめないで，「水が出る出ないにかかわらず通い続けること」という将来に対するイメージを獲得した。

最後の箱庭制作から約1年後のフォローアップでは，「小説などの創作活動は中学生のときから始めて今も続けているが，自分の才能に見切りをつけることができた。箱庭に出し切って区切りをつけたせいか，今の自分は作家になるほどの才能はないと納得した」と言い，創作活動は趣味として続けることにして，現実には一般企業に就職した。

Clは，頭では納得しているかもしれないが，無意識の動きとしては，現実

適応にエネルギーを注ぐあまり，深層からのエネルギーが枯渇してしまったと思える。そこで重要なことは，このことを Cl がどの程度まで自覚しているかである。認知 - 物語アプローチを導入して箱庭作品を見ることにより，Cl は箱庭からの警告を少しは自覚したのか，卒業してすぐに作家になるよりも就職する道を選んだのだろう。

今後は，「水が出る出ないにかかわらず通い続けること」と主人公の課題にあったように，現実適応にがんばりすぎないで，自分の中の創作に向けるエネルギーも大事にするために，インターネット小説は続けながら現実生活をおくることが，今の Cl にとっての自己実現に近づく道になるものと思われる。

第7節　ケースG

1）事例の概要

女子学生 G，21 歳。特に悩みはないが，自己啓発のために希望した。月に 1〜2 回のペースで 6 カ月間に計 10 回の箱庭制作をした。

2）面接過程

〈♯1〉　写真 G - 1

【物語】　平和な感じで，敵対とかしていなくて，みんなが共存している。主人公はクジラで，リラックスして楽しく過ごしているけれど「ちょっときゅうくつなので，もうちょっと広いところで泳ぎたい」と思っている。テントに住んでいるのはインディアンたち。

〈♯2〉　写真 G - 2

【物語】　左の世界は，とりたてて変わり映えのない日常のある一日。右の世界は，小人たちがわざわざここへ来て，この大木のまわりで回っているところ。この旅人は長いこと旅をしている。孤独。川の流れは激しくなく穏やか。

134　第3章　事例編：箱庭療法に認知‐物語アプローチを導入した適用例

【主人公】クジラ

写真 G-1　ある日の風景

【主人公】大木

写真 G-2　（タイトルなし）

【主人公】サーフィンをしている男の人

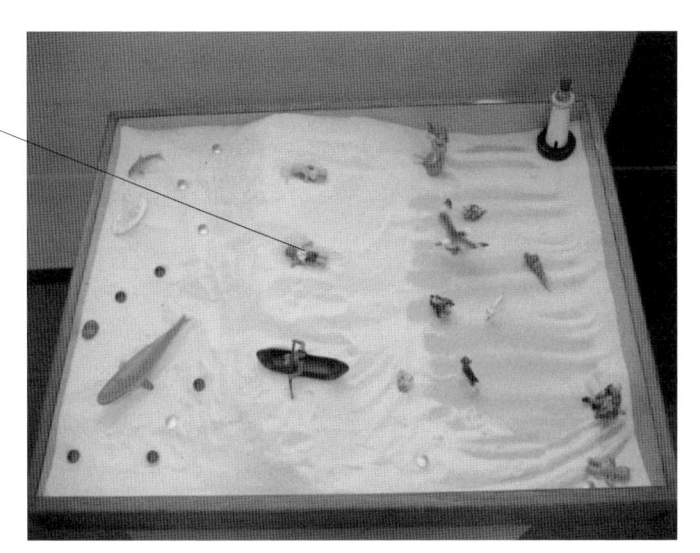

写真G-3　波乗り

〈#3〉　写真G-3
【物語】　主人公は真ん中の男の人（サーフィンしている人）。大きい波がきていて，それに乗って行こうとしている。漕ぎ出そうとしている。主人公は大きい波が来ると燃えている。楽しんでワクワクしている。うまいこと波を乗り越えたいと思っている。

〈#4〉　写真G-4
【物語】　みんな楽しくしている。子どもたちは雪合戦や雪の上を走って，楽しんでいる。お父さんたちは雪かき。森のウサギは特に何もしていない。主人公はブチのイヌ。ちゃんとわかっているわけではないけれど，ここにいいものがあるぞー，みんな知らないけど，ぼくだけが知っているぞーと思っている。雪がとけたら春が来るよ，みたいなイメージで，雪の下に春に出てくる花が埋まっている。この下に花があるとはみんなは知らないけど，ぶちのイヌだけが「匂うで」みたいに気づいている

〈#5〉　写真G-5
【物語】　主人公はサンタさん。サンタさんがきて子どもたちは喜んで集

136　第3章　事例編：箱庭療法に認知‐物語アプローチを導入した適用例

【主人公】ブチのイヌ

写真G-4　（春を待っている）ある冬の一日

【主人公】楽器を奏でるサンタさん

写真G-5　クリスマスイブ

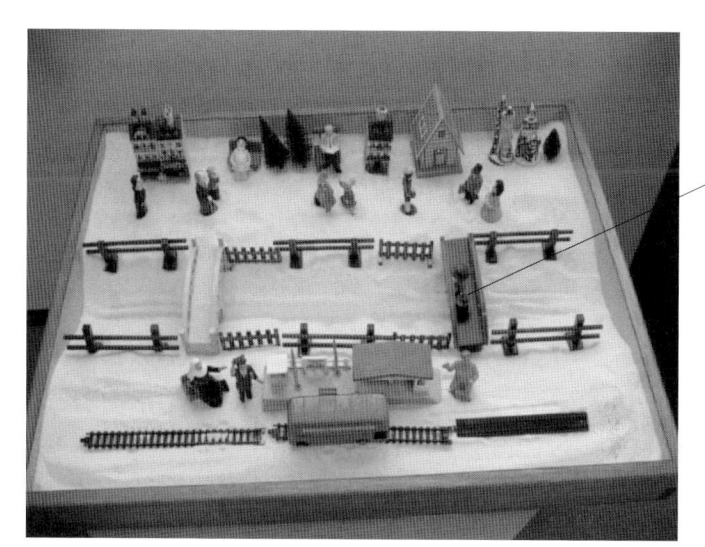

写真G-6　ある旅先の風景

【主人公】旅人（日本人の男の子）

まってきた。子どもたちはサンタさんと会うのも初めてで喜んでいる。まだ行かなくてはならないところがあるので，少し慌てている。こっちからは妖精は見えない。妖精たちは子どもたちの様子を微笑ましく見ている。

〈#6〉　写真G-6

【物語】　ヨーロッパの街。けっこう都会で，この人たちにとっては日常。主人公の旅人は日本人の男の子で，きょろきょろしている。彼は街を見るのが好き。道行く人を見たり，街並みを見ているだけで楽しい。外国で一人だし，言葉も違うし，緊張している。どういうところへ行けばいいのかなあ，と思っている。

〈#7〉　写真G-7

【物語】　主人公は自転車に乗ってきた少年。「来てよかったなあ。遠くへ行ってみたいなあ」と思っている。人々は出港を待っているって感じ。本を読んでいるおじいさんは，帰ってくる人を迎えにきた。出港するのは緑の船。入港する船はまだ帰ってきていない。

138 第3章 事例編：箱庭療法に認知‐物語アプローチを導入した適用例

【主人公】自転車に乗ってきた少年

写真G-7　港の風景

【主人公】男の子

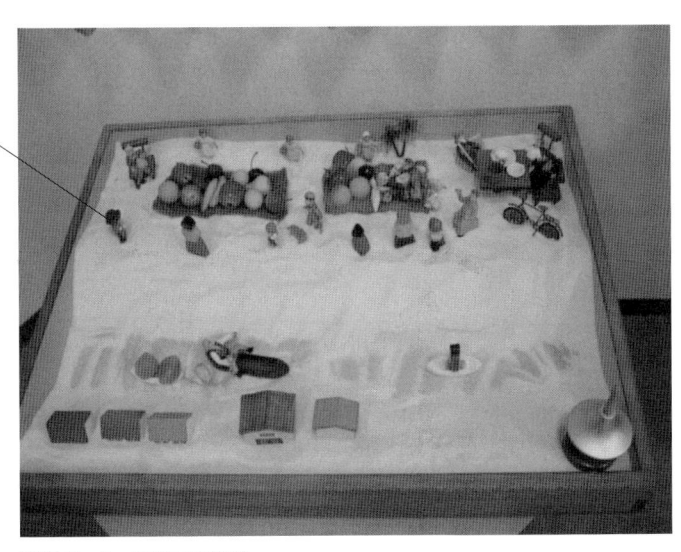

写真G-8　アジアの街並

第7節 ケースG　139

〈#8〉　写真G-8
【物語】　主人公は黒い帽子の男の子。その男の子は旅行している。そこは猥雑な感じで圧倒されているが，それが新鮮で楽しい。目に入るもの全部がすごいなあ，と思っている。アジアのタイ・ベトナム，屋台があって右のテーブルは現地の人たちがごはんを食べている。お客さんは外国人旅行客，子どもたちは現地の子。船では荷物を運んでいる。船が日常的な交通手段。

〈#9〉　写真G-9
【物語】　こっちの島は無人島。神社にも家にもだれもいない。森もうっそうと茂っている深い森。主人公の少年（旅人）は島へ渡ろうかどうしようか迷っている。船で行かなくては渡れない。おじいさんは「やめといた方がいいよ」と止めている。おじいさんはここで一人で住んでいて，自給自足に近い暮らしをしている。イヌと一緒に暮らしていて，イヌは少年のことを心配している。

〈#10〉　写真G-10
【物語】　主人公の男の子はバスを待っていた。バス停に来たときには，女

写真G-9　（タイトルなし）

写真 G-10　森の中のバス停

[主人公] 男の子（20歳の青年）

の子はすでに待っていたけれど，男の子は女の子のことが気になっている。チラチラ見ているけれど，会話はなくて「いつから来たんだろう」と思っている。女の子は男の子を気にせずに待っている。バスはなかなか来ない。何も会話がないけれど，一人で待っているより女の子がいることで少しほっとしている。この女の子に対して不思議な感じを持っている。何でこんなところに一人でいつから待っているのだろう。男の子は20歳くらいの青年（旅人）で，女の子は（地元の子かもしれない）小学4年生くらいで，小さいのでよけいそう思う。「バスがいつ来るのかなあ」と思うと，男の子はちょっと疲れている。けれどもそんなにしんどいわけではなくて，一人ではないし，待っている女の子もいるから，いつかバスが来るとは思っている。深い森なので，教会があることを彼は知らない（女の子も知らない）。女の人が一人で教会に住んでいる。花の世話をしたり教会でシスターをしている。野ウサギだけがいる。人は来なくて，女の人は孤独。

　以上の面接過程を表13（142-145頁）にまとめた。

3）心理的課題の自己評価の変遷（表14，146頁参照）

各課題項目の評価得点がどれも5点に達していない。そして，多くの課題で初めにつけた評価が変化していないのが特徴である。

4）1年後のフォローアップ

Clは，就職しようか大学院に進学しようか迷っていたが，就職試験を受けたら合格した。自分のやりたい仕事であったので就職することにした。全体を振り返ると，箱庭では，「自立したい」という気持を表現した。その後，就職が決まったことで予期しない方向に展開した。そして，赴任先が決まり，親元を離れることになった。経済的にも，生活は自立することになる。「箱庭では先に出てきていたが，精神的にはまだついていけてないで不安である。でも，今考えても仕様がないかなと思う。何とかなるかな，やっていけるとも思っている」ということで，社会人として広い世界へ旅立っていくことになった。

5）考察（ケースG）　表層の認知も深層認知も変化しているが，自己評価とはズレている例：図7（168-169頁）参照

(イ) **認知‐物語アプローチの導入によるClの認知**（表13参照）

主人公のクジラは，もうちょっと広いところで泳ぎたいと思っている。ここでの主人公の課題は「もっと広いところで泳ぐために一歩出て行く勇気を持つことと自分の家族を持つこと」である。このことからClの心理的課題「狭いところから出て行けると確信すること」が導き出された。これは，自分自身に対するバランス・スキーマで，Clの心理的課題と重なっていると思われる。

＃2，Clは大木に自分の理想の姿を投影し，Clの心理的課題「大木のように支えられるだけでなく，自分も支える立場になること」が導き出された。主人公と自分を重ね合わせることで視点が移動し，自分中心の見方より広い視野にたった心理的課題が見つかった。

表13 認知-物語アプローチの導入による全段階の記録表

G	主人公	主人公の感情	主人公の思考	タイトル
♯1	クジラ	①リラックスして楽しい気持	①魚の色がきれいだ，人を見て幸せそうだと思う。	ある日の風景
		②窮屈な気持	②もうちょっと広いところで泳ぎたい。	
♯2	大木	①ゆったりした気持	①長いこと生きてきたなあと感慨にふけっている。この小人たちが幸せになるように。	
		②うれしい気持になり	②一人ぼっちじゃなくて小人たちがきてくれる。	
♯3	サーフィンをしている男の人	わくわくして燃えるような気持	うまいこと波を乗り越えたい。	波乗り
♯4	ぶちのイヌ	好奇心でわくわくした気持	はっきりわかっていないけれど，雪の下に何かいいものがあるぞと思っている。	（春を待っている）ある冬の一日
♯5	サンタさん	①うれしい気持	①プレゼントを子どもたちが喜んでくれるのでがんばろうと思っている。	クリスマスイブ
		②少し慌てている	②他にもプレゼントを配りに行かなければならない。	
♯6	旅人	①楽しい	①街を見るのが好き。	ある旅先の風景
			道行く人を見たり，街並みを見ているだけで楽しい。	
		②ドキドキしている	②外国で一人だし，言葉も違うし，緊張している。	
♯7	自転車に乗ってきた少年	①すがすがしい	①来てよかったなあ。	港の風景
		②あこがれ	②遠くへ行ってみたいなあ。	
♯8	少年			アジアの街並
♯9	少年	怖い気持	木が鬱蒼と茂っている感じが不気味。その森の神聖な感じに惹かれて，行こうか行くまいか迷っている。	

主人公の課題	作者と主人公との類似性	作者の心理的課題
もっと広いところで泳ぐために一歩出ていく勇気を持つことと自分の家族を持つこと。	今の状態は嫌ではないけれど，けっこう似ている。	狭いところから出て行けると確信すること。
この樹は小人に癒されているけれど，一人で立っていられないわけではない。小人に支えられている部分はあって，小人側からしたらこの樹は神聖な樹として小人を支えること。	自分は大木ほど長く生きてないけれど，自分も周りの人に支えられて孤独を感じることはない。	大木のように支えられるだけでなく，自分も支える立場になること。
波にのること。	波を乗り越えなければならないところ。	波に対して余計なことを考えずに，このサーファーのように無心になること。
何かいいことが起こればいいな，と思うこと。	確信は持ててないけれど，何かいいことが起こればいいと思っているところ。	一つのことだけじゃなくて，いろんなことに目を向けて取り組んでみること。
あちこち行ってバタバタしつつも子どもたちを喜ばせること。	忙しく，ばたばたしているところ。	一つ一つに集中して要領よく片づけていくこと。ばたばたして，いろいろ中途半端なので，それぞれを全部やっていくこと。
長いこと一人旅をして楽しんでいたけれど，一人でいるのは淋しいので他の旅行者や町の人とコミュニケーションをとること。	他人と話がしたいところ。	精神的に自立すること。
		他人に頼らずに自分の力で歩いて行けること。
なし。	どこへでも自転車で行く。	気分転換の方法を捜すこと。
		一人で海外に行くこと。一人で違う世界に行くこと。
とりあえず対岸に行くこと。	私も臆病なので先の見えないところにいきなり飛び込むのは躊躇する。自分は見通しが立たないと動けない。私なら行こうとは思わない。しかし私もそういうふうになりたいと思っている。	見通しの立たないことに対してもとりあえず飛び込んでみること。それで失敗したらそのとき考えればいい。考えてもしようがないので，「いいや」という感じで行っちゃうこと。

表13 （つづき）

G	主人公	主人公の感情	主人公の思考	タイトル
＃10	旅人の青年（20歳くらい）	①ちょっと疲れて	①いつバスが来るのかなあ。待っている子もいるからいつかは来ると思う。	森の中のバス停
		②不思議な気持	②何でこんなところに小学校4年生ぐらいの女の子が一人でいるのか、いつから待っているのだろう。	

　＃3．Clの心理的課題は，「波に対して余計なことを考えずに，このサーファーのように無心になること」である。これも＃1「広いところに出て行くため」の手段であり，適応的スキーマを活性化するものと思われる。

　＃4．雪の下に春に咲く花が埋まっている。無意識の底に良いもの（女性的なもの）が埋まっている。「何か良いもの」とは「自分のやりたいことをみつけられること」である。自分のやりたいことをみつけるための方法として，Clの心理的課題「一つのことだけではなく，いろんなことに目を向けて取り組んでみること」という現実的な課題が導き出された。これも，「自立」の課題に対して具体的・現実的な課題である。

　＃5．現実では忙しい自分とサンタを重ね合わせて，「一つ一つに集中して要領よく片づけていくこと」というClの現実的・具体的な心理的課題が導き出された。

　＃6．主人公は，自分の生まれ育ったところでない世界を旅している。「自立」のための準備だろうか。今は家族や友人がいるし淋しいと思わないけれど，まったく違う世界でやっていくには「精神的に自立すること。他人に頼らずに自分の力で歩いていけること」が課題として出てきた。これも「自立」についての適応的スキーマを活性化する材料になると思える。一人旅のテーマはその後の回でも続いているが。

　＃7．船が出港するところだが，男の子の前には柵がある。まだ，出て行くには早く，ためらいがあるのだろうか。

　＃9．旅人の少年は対岸には，お社があり深い森の中の神聖な場所で，理

主人公の課題	作者と主人公との類似性	作者の心理的課題
バスが来るまで待っていてバスに乗ること。	思いつかない。	思いつかない。

想の姿である大樹もあるところまでやってきた。渡ろうと思えば神聖な場所へ運んでくれる小舟もあるのだが，少年は渡ろうかどうしようか迷っている。ここでの主人公の課題は「とりあえず対岸に行くこと」である。少年とClは，「私も臆病なので先の見えないところにいきなり飛び込むのは躊躇する。自分は見通しが立たないと動けない。私なら行こうとは思わない。しかし私もそういうふうになりたいと思っている」ことで共通しており，このことからClの心理的課題「見通しの立たないことに対してもとりあえず飛び込んでみること。それで失敗したらそのとき考えればいい。考えてもしようがないので『いいや』という感じで行っちゃうこと」が導き出された。♯1からすると飛び込む勇気が出てきたともいえるだろう。もし，Clのこのような探求がなければ，ここまで積極的な課題が導き出されなかっただろう。促進の効果はあると思われる。

♯10．少年だった男の子は，青年になって深い森の中にいる。迷っていたが決心して神聖な深い森へ渡ってきたようである。いつからか不思議な少女が現れ，一緒に次の場所へ移動するバスを待っている。

半年後のフォローアップでは，Clは，就職試験を受けたら受かった。自分の希望していた分野でもあったので，就職することになって，家族や友人から離れて，就職先で一人暮らしをすることになった。このときのバスは，違う世界へ運ぶ乗り物で「就職すること」と解釈してもいいかもしれない。実際には，♯9「見通しの立たないことに対してもとりあえず飛び込んでみること。『いいや』という感じで行っちゃうこと」が現実になり，社会に飛び込

表14 心理的課題の自己評価

G	作者の心理的課題	#1	#2	#3	#4	#5	#6	#7	#8	#9	#10
#1	狭いところから出て行けると確信すること。										
#2	大木のように支えられるだけでなく，自分も支える立場になること。		2	2	2	2	2	2	2	2	
#3	波に対して余計なことを考えずに，このサーファーのように無心になること。			2	2	2	3	3	3	3	
#4	一つのことだけじゃなくて，いろんなことに目を向けて取り組んでみること。				3	3	3	3	3	3	
#5	一つ一つに集中して要領よく片づけていくこと。ばたばたして，いろいろ中途半端なのでそれぞれを全部やっていくこと。					2	2	3	3	3	
#6	精神的に自立すること。他人に頼らずに自分の力で歩いて行けること。						3	3	3	3	
#7	気分転換の方法を捜すこと。							4	4	4	
#8	一人で海外に行くこと。一人で違う世界に行くこと。								0	0	
#9	見通しの立たないことに対してもとりあえず飛び込んでみること。それで失敗したらそのとき考えればいい。考えてもしようがないので，「いいや」という感じで行っちゃうこと。									2.5	
#10	思いつかない。										

んでいった。

　㈹　**Thにおける従来的見方**

　最初，クジラはちょっと窮屈な水の世界にいる。真ん中が窪んだ水のところで子宮を連想する。クジラはその母性的な世界に守られて平和に暮らしているが，何か物足りない。広い世界で泳ぎたいと思っている。思春期の女の子の心性が感じられる。「もっと広い世界に出て行く」ための「自立」のテーマが流れていると思った。次に，左側の日常の世界から旅に出ようとしている。向かう先には，ずっと昔から根づいている大樹のある世界。主人公の大木は，ずっと昔からいろんなものを見てきている。

　3回目，クジラは広い大海を泳いでいる。個人的無意識の世界から集合的無意識の世界へ出て行くところという見方も成り立つだろう。1回目のかなり窮屈な母なる世界から出て泳いでいるのだろう。

　4回目，雪の下に春に咲く花が埋まっている。無意識の底にいいもの（女性的なもの）が埋まっている。ぶちのイヌだけは，においをかぎつけて気づいている。

　5回目，主人公は，自分の生まれ育ったところでない世界を旅している。「自立」のための準備だろうか。一人旅のテーマはその後の回でも続いているが。

　7回目，船が出港するところだが，男の子の前には柵がある。まだ，出て行くときのためらいがあるのだろうか。

　9回目，旅人の少年は対岸には，お社があり深い森の中の神聖な場所で，理想の姿である大樹もあるところまでやってきた。渡ろうと思えば神聖な場所へ運んでくれる小舟もあるのだが，少年は渡ろうかどうしようか迷っている。

　10回目，少年だった男の子は，青年になって深い森の中にいる。迷っていたが決心して神聖な深い森へ渡ってきたようである。いつからか不思議な少女が現れ，一緒に次の場所へ移動するバスを待っている。

　半年後のフォローアップでは，Clは，就職試験を受けたら受かった。自分の希望していた分野でもあったので，就職することになって，家族や友人か

ら離れて，就職先で一人暮らしをすることになった。このときのバスは，違う世界へ運ぶ乗り物で「就職すること」と解釈してもいいかもしれない。

このケースの場合，箱庭イメージは変化しているが，自己評価表での変化はそれほど見られないケースである。これは，箱庭を作る際に，実感が伴わずに頭で考えて筋書き通りに作られたところがあるのかもしれない。そのような場合でも認知的に取り組むと言語化は進み，心理的課題は見つけられるのだが，気をつけなければならないのは，知的なものに終始し，本来箱庭療法で得られるはずのものが得られそこなうこともあるかもしれない，という点である。

このようにならないためにも，Clにとって重要なことは，このズレについて自覚することである。また，Thは，箱庭に表現されたものが，Clの内面から湧き上がってきたものであるかどうかを感じる感受性を鍛え，箱庭療法をしたことの意味，認知‐物語アプローチを導入する必要性を絶えず考えながら取り組まねばならない。

第8節　心のモデル図

これまで述べてきたケース（A～G）について，以下に心のモデル図を記載する。心のモデル図は筆者のオリジナルで，それぞれケースの全体像が一目瞭然に見通せるようになっている。

心のモデル図の構造は，意識と無意識の境に表現された箱庭作品の変化を中心にして，Clの心の変化を横軸の時間軸で表し，縦軸では外的世界からClの内的世界への移動を示している。外的世界は心理的課題の変化と現実に起こった出来事を記載し，Clの内的世界にはスキーマの変遷を示す前意識の層と深層イメージとしてユング心理学でいう無意識の層を記載した。これによって箱庭表現の変遷と並行して心の内面の変化，現実的思考，外的世界がどのように関係しているか，心理的課題の変遷がどのようにして起きるか，どのようにして認知の転換があるのかを示した。

特に，認知の転換とClの内的世界の変遷と外的世界のからみについて，各心のモデル図に示した。図中の矢印は精神エネルギーの向きを表す。線種により意味の違いを示した。点線の場合は，精神エネルギーが弱いか架空の場合を示している。以下は心のモデル図の説明である（なお，各モデル図全体の考察については，それぞれ前述の該当する節を参照されたい）。

各ケースからみた深層の認知と表層の認知や現実との関係

ここで表層というのは，心のモデル図における「スキーマの変化」を，深層というのは，「従来的見方による深層イメージの変化」を指す。

以下では，図1～図7について考察する。

① **ケースA　深層の認知が表層の認知とつながっている例**（156-157頁，図1参照）

深層の認知が表層の認知とつながっているところを特に取り出す。

まず，＃3から＃8にかけての「自分中心の見方から，相手の立場も理解する見方に変わったところ」である。図1を見ると，矢印の方向が上下左右に活発に向かっているのが窺える。

＃3，シスターは差別的な町の人にネイティブ・アメリカンのことをわかってもらい，ネイティブ・アメリカンや妖精を排除しないように奔走する。

深層イメージに現れるのは，男の子（アニムス像）である。まだ少年で，その頼み方は直談判という，純粋ではあるが一方的なものである。それに対して主人公の課題は「女神様も人間の願いを常に聞けるわけではないので，いつも女神様に助けられていてはこの村のためにならないことに気がつくこと」である。これは，女神さんの立場も考慮に入れた視点に転換している。

＃4，他者に対するスキーマも「お母さんはわたしのことをわかってくれない」から「自分の都合を言うばかりでなく，親の立場も理解する」に変化している。

＃8，ネイティブ・アメリカンの男性はこのとき，王女の護衛の役目として守る人という良いイメージとして登場する。この間に深層イメージでは，

ネイティブ・アメリカンに対する認知がネガティブからポジティブに変わったと思われる。

② ケースB　表層の認知にとらわれず深層の認知が進んでいった例
　（158-159 頁，図2参照）

　深層イメージとスキーマの変化としては，＃2，自己実現の象徴の「赤い玉」が現れ，＃3「原石の発掘現場」で「いいものを探し続けること」は未来に対するスキーマの「自立すること」に影響を与えた。赤い石は＃5にも火の鳥として現れ，＃8「原石を求める旅」というイメージで箱庭に表現され，Clの心理的課題として「原石（自分の中のいいもの）を求めること」を導いた。これは「自立すること」をより具体的に表したスキーマとなり，＃10「原石を探す旅は自己実現の旅」という深層イメージを活性化し，＃9「原石を選んで選ばなかったものはあきらめる」というスキーマを獲得したにもかかわらず「選んだ原石をどう磨くか」という深層の課題の方へ進んでいった。

③ ケースC　深層の認知が進み過ぎたときに安全装置を備えている例
　（160-161 頁，図3参照）

　母親からの自立がテーマであるが，表層の認知のスキーマの変化では「母親に信用される人になること」から「他人に依存ばかりするのでなく自分でする」となり，並行して深層イメージでは無意識のシンボルとされる「水」のイメージがくり返し表現される。

　＃7，主人公はどん底に落ちている感じで，さまよって森に入ってきたら，たまたま湖を見つけた。満月の夜で，ちょうど月が湖に映ったときに森の神様が出てきて，動物たちに活力を与えてくれる。主人公は荘厳な様子を見て，落ち込んだ気分がとんでしまった。主人公は湖で満月を見ている間にヌミノース体験をし，抑うつ状態からの脱却がなされていく。

　このような大いなる力に触れるヌミノース体験をすることによって，Clの心理的課題「落ち込む気持だけに焦点を当てるのではなく，その背景も含

めて全体に向き合うこと」「他人に依存していられない」が導き出され，それまでずっと持っていた「大人になること」のスキーマも活性化されたと思われる。

　森の中でヌミノース体験をした主人公は，川を渡って現実に戻ろうとしている。森の奥の別の世界へ開けていくはずなのに開けないで，早く現実に戻りすぎたとも思われるが，一方，急激にヌミノース体験まで進んでしまった危うさに対する安全装置として，認知‐物語アプローチが働いて，無事に現実の世界に戻ってこられたともいえるだろう。

　＃9，主人公の女の人は水を汲み終わって帰ろうとしている。この井戸は掘るのが大変で，やっと掘れた井戸。象徴的な意味でやっと掘れた無意識という地下水を汲み上げたと思われる。今回，無意識を汲み出す作業はここで一旦終わるが，アリスのような女の子が現れてもいる。Clは，また別の機会に『不思議の国のアリス』のような無意識を汲み出す物語が始まる可能性を残しながら，「まわりの気分に流されないでやるべきことをする」ために，現実の世界へ戻っていった。

　外的世界では，卒業論文を仕上げ，大学院の受験にも合格する。

④ ケースD　表層の認知と深層の認知と現実適応が各レベルにおいて並行に動いた例（162-163頁，図4参照）

　図4を見ると，矢印の方向が一定で，深層・スキーマ・箱庭・現実レベルのイメージが各レベルで並行に現れ，そのまま動いていることがわかる。

　ここでは，「水」に注目して流れをみていくことにする。

　＃1，箱庭では遠くに井戸があり，水は深いところから汲み上げられる母のシンボルである。現実の母親との距離を表しているのだろう。＃5，水は非常に身近になったけれど痛いほど冷たい。丸い池の中心にいる少女。冷たい母親イメージの水に取り巻かれて身動きがとれない。そこから出るのが大変。Clは，水がひいて岸まで歩けるようになるまでじっと耐え忍ぶつもりである。現実に母親との衝突があり，母親は機嫌が悪くなるとClを無視するのである。

このことから Cl の心理的課題として,「あまりへこまずに気にせずに行く」という現在の母親との関係で現実適応するための課題が導き出された。ありのままの自分の心を直視するなかで,自分自身にとって適応的な課題を見いだした。その後,＃6「母親とは世界が違うんだ」という諦めの見方が出てくる。

 ＃8,Cl は池の水面を覗き見ている。水は魂の鏡であると言われている。自分の心を覗いているのか。現実には母親との関係を修復し,＃9,主人公は水の中に生えている水草である。水は非常に身近であるが,光が入り日差しは暖かく,水の温度は気持いいくらいの冷たさ。母親との確執も気持のいい状態になったことを示しているのだろう。主人公の課題は「太陽を浴びて元気に育とう」である。凍っていた心が解けてきたようである。水草と同様 Cl は,「最近ストレッチを始めた。春だしパワフルにがんばろう」と元気が出てきたようだ。母親との葛藤での落ち込みから回復し,現実的・行動的になっていくところである。

 ＃10,気候は暑いぐらいで,水浴びのための水が必要になっている。心が暖かくなってきたイメージ。泥水は,ゾウにとって生きるために役立つ水である。水のイメージが＃1の遠くて冷たいものから,＃10の暖かく生きるために役立つ泥水へ変わった。

⑤ ケースE　表層の認知の変化が中心だった例（164-165 頁,図5参照）

 深層の認知は変わらないままだった。

 ＃1のように,ただ「のんびりすること」だけでなく,＃10「（いろいろやり過ぎるから）休むところでは休むこと」と自分自身をコントロールするという自分に適した心理的課題が導き出された。

 他者に対する課題は見守るだけでなく,もう少し能動的になって「役に立てるような働きをすること」と変化した。自己に対する課題は,「馴染みのないところに入っていくための」問題解決法として,「人見知りはあるけれど,もう少しつきあいの幅を広げること」という自分に対する課題が導き出された。

世界に対する課題として、自分の知らない世界に行ってみたいと思っているけれど、親に止められているという葛藤状態なので、その問題解決方法として行動を起こす前に、まず＃6「精神世界のことを知ること」という課題が導き出された。＃8「人間は魚を漁って食べるので、それを見ると淋しさを感じる」とClは、イルカの視点に立っており、このことから、「平和に暮らすこと」というClの心理的課題が導き出された。これは、タイトルにあるように、自然と人間の共存を目指して「平和に暮らすこと」であると思われる。世界に対する認知の変容でもあるだろう。

このケースでは、現実的・行動的な課題が多かった。自己・他者・世界・未来に対する表層の認知が中心であったが、各視点の変化と共に、認知の拡大が少しずつ見られた。深層イメージにあまり触れなかったのは、今はその必要がないのかもしれないし、いったん触れると大変なので、今は蓋をしていたのかもしれない。

⑥ **ケースF　現実適応を重視するあまり、深層のものを汲み上げきれないことを表している例**（166-167頁，図6参照）

＃1の「立ち歩けるようになること、みんなの仲間に入れる」ために「将来のことを考えること」という心理的課題が導き出され、これらのことに、Clは現実生活でいろいろ取り組んだ。＃9、Clは「大人になるんだったら理想の大人になりたいけど、まだなりたくないかな」と思っている。このことからClの心理的課題は「子どもの部分を持ちつつ現実生活ができる大人を目指すこと」が導き出された。将来に対するイメージが＃1よりも内容がより具体的になってきた。

しかし、小イルカは孤軍奮闘してがんばりすぎているようにも見える。＃10、井戸が枯れた。無意識の英知を象徴する水を汲み上げることができなくなった。最終的にClは、井戸が枯れたからといってあきらめないで、主人公の課題「水が出る出ないにかかわらず通い続けること」という将来に対するイメージを獲得した。

ここでも、がんばりすぎているClの様子が窺えたが、約1年後のフォ

ローアップでは，「心理的課題は自分の努力目標になっている。小説などの創作活動は中学生のときから始めて今も続けているが，自分の才能に見切りをつけることができた。箱庭に出し切って区切りをつけたせいか，今の自分は作家になるほどの才能はないと納得した」と言い，現実には一般企業に就職した。しかし，一方でホームページでの小説の創作は相変わらず続けており，読者数もかなり増えているようである。

現実的には，企業に就職することは納得しているかもしれないが，無意識の動きとしては，現実適応にエネルギーを注ぐあまり，深層からのエネルギーを汲み上げ損ねるという，箱庭からの警鐘をどの程度までClが自覚しているかが重要となるだろう。Clは箱庭で「枯れた井戸」をつくり，認知－物語アプローチをすることによって，自分の才能が枯渇する可能性を感じたのかもしれない。

今後の課題としては，現実適応にがんばり過ぎないで，自分の中の創作に向けるエネルギーを蓄えることも大事であると思われる。

⑦ ケースG　表層の認知も深層認知も変化しているが，自己評価とはズレている例（168-169頁，図7参照）

現実的にも内面的にも順調に変化しているが，自己評価ではそのように変化していない。これは，箱庭の変化とClの実感がズレているせいかもしれない。その流れを見てみよう。

＃1．クジラはちょっと窮屈な水の世界にいる。広い世界で泳ぎたいと思っている。思春期の女の子の心性が感じられる。このことからClの心理的課題「狭いところから出て行けると確信すること」が導き出された。「自立」のテーマが流れていると思った。

＃2．旅人は旅に出る。向かう先は，Clの理想の姿である大樹のある世界。主人公と自分を重ね合わせることで視点が移動し，Clの心理的課題「大木のように支えられるだけでなく，自分も支える立場になること」が導き出された。

＃3．クジラは旅人に代わり広い大海を泳いでいる。Clの心理的課題は，

「波に対して余計なことを考えずに，このサーファーのように無心になること」である。これも＃1「広いところに出て行くため」の手段であり，適応的スキーマを活性化するものと思われる。

　＃4．雪の下に「何かいいもの」が埋まっている。「自分のやりたいことをみつけられること」である。これも，「自立」の課題である。

　＃5．主人公は，世界を旅している。「自立」のための準備だろうか。一人旅のテーマはその後の回でも続いているが，＃9．旅人の少年は，深い森の中の神聖な場所の対岸にやってきた。渡ろうと思えば神聖な場所へ運んでくれる小舟もあるのだが，少年は渡ろうかどうしようか迷っている。Clの心理的課題「見通しの立たないことに対してもとりあえず飛び込んでみること」が導き出された。＃1からすると，飛び込む勇気が出てきたともいえるだろう。

　＃10．少年だった男の子は，青年になって深い森の中にいる。迷っていたが決心して神聖な深い森へ渡ってきたようである。いつからか不思議な少女が現れ，一緒に次の場所へ移動するバスを待っている。

　半年後のフォローアップでは，Clは，就職試験を受けたら受かった。自分の希望していた分野でもあったので，就職することになって，家族や友人から離れて，就職先で一人暮らしをすることになった。このときのバスは，違う世界へ運ぶ乗り物で「就職すること」と解釈してもいいかもしれない。

　実際には，＃9「見通しの立たないことに対してもとりあえず飛び込んでみること。『いいや』という感じで行っちゃうこと」が現実になり，社会に飛び込んでいった。深い森の中へ入って行ったが，それを深めるというよりも，現実生活を始めるべく次のバスを待っていたとも思われる。

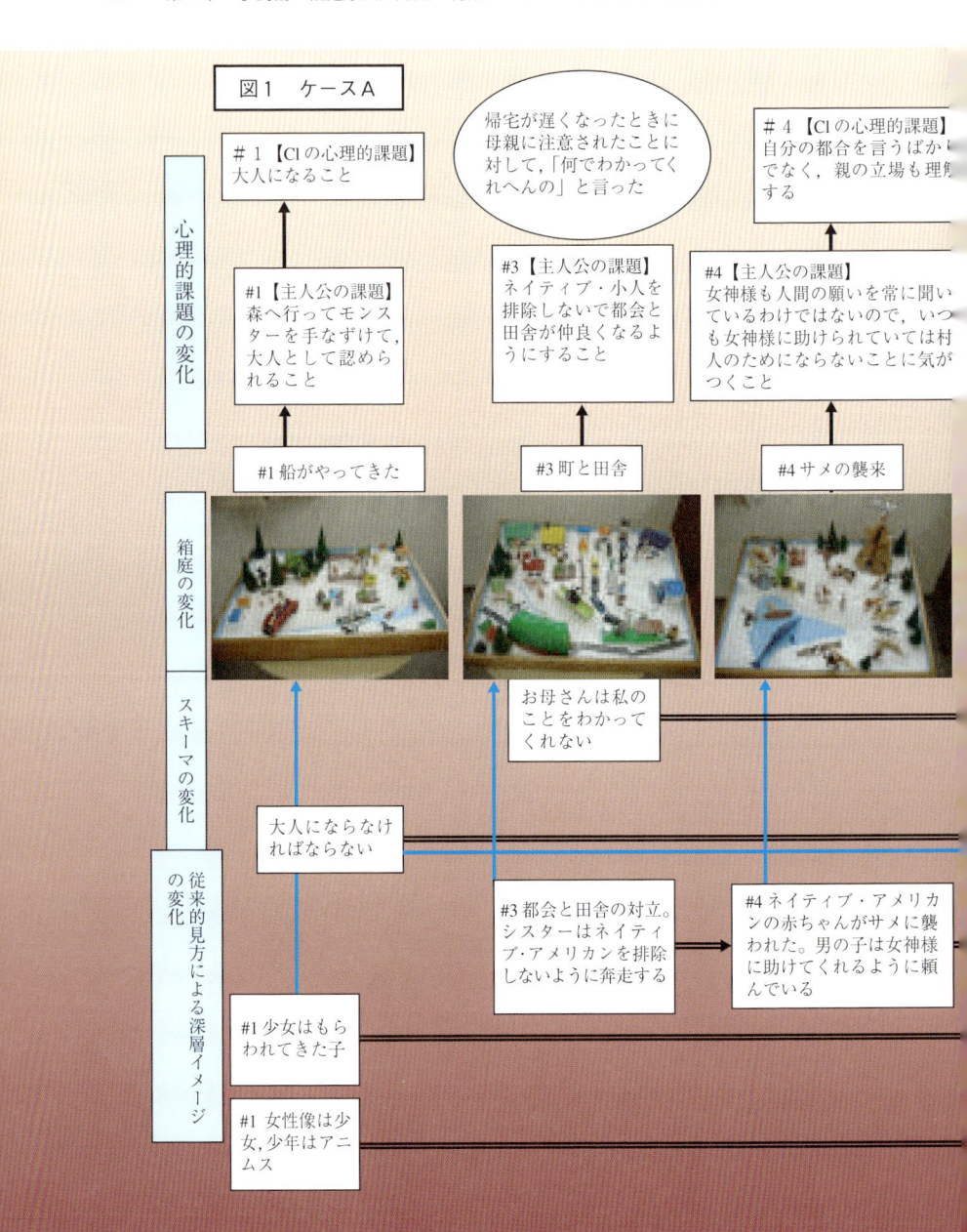

156　第3章　事例編：箱庭療法に認知 - 物語アプローチを導入した適用例

図1　ケースA

心理的課題の変化

#1【Clの心理的課題】
大人になること

↑

#1【主人公の課題】
森へ行ってモンスターを手なずけて，大人として認められること

↑

#1 船がやってきた

帰宅が遅くなったときに母親に注意されたことに対して，「何でわかってくれへんの」と言った

#3【主人公の課題】
ネイティブ・小人を排除しないで都会と田舎が仲良くなるようにすること

↑

#3 町と田舎

#4【Clの心理的課題】
自分の都合を言うばかりでなく，親の立場も理解する

↑

#4【主人公の課題】
女神様も人間の願いを常に聞いているわけではないので，いつも女神様に助けられていては村人のためにならないことに気がつくこと

↑

#4 サメの襲来

箱庭の変化

スキーマの変化

お母さんは私のことをわかってくれない

大人にならなければならない

従来的見方による深層イメージの変化

#3 都会と田舎の対立。シスターはネイティブ・アメリカンを排除しないように奔走する

#4 ネイティブ・アメリカンの赤ちゃんがサメに襲われた。男の子は女神様に助けてくれるように頼んでいる

#1 少女はもらわれてきた子

#1 女性像は少女，少年はアニムス

第8節 心のモデル図　157

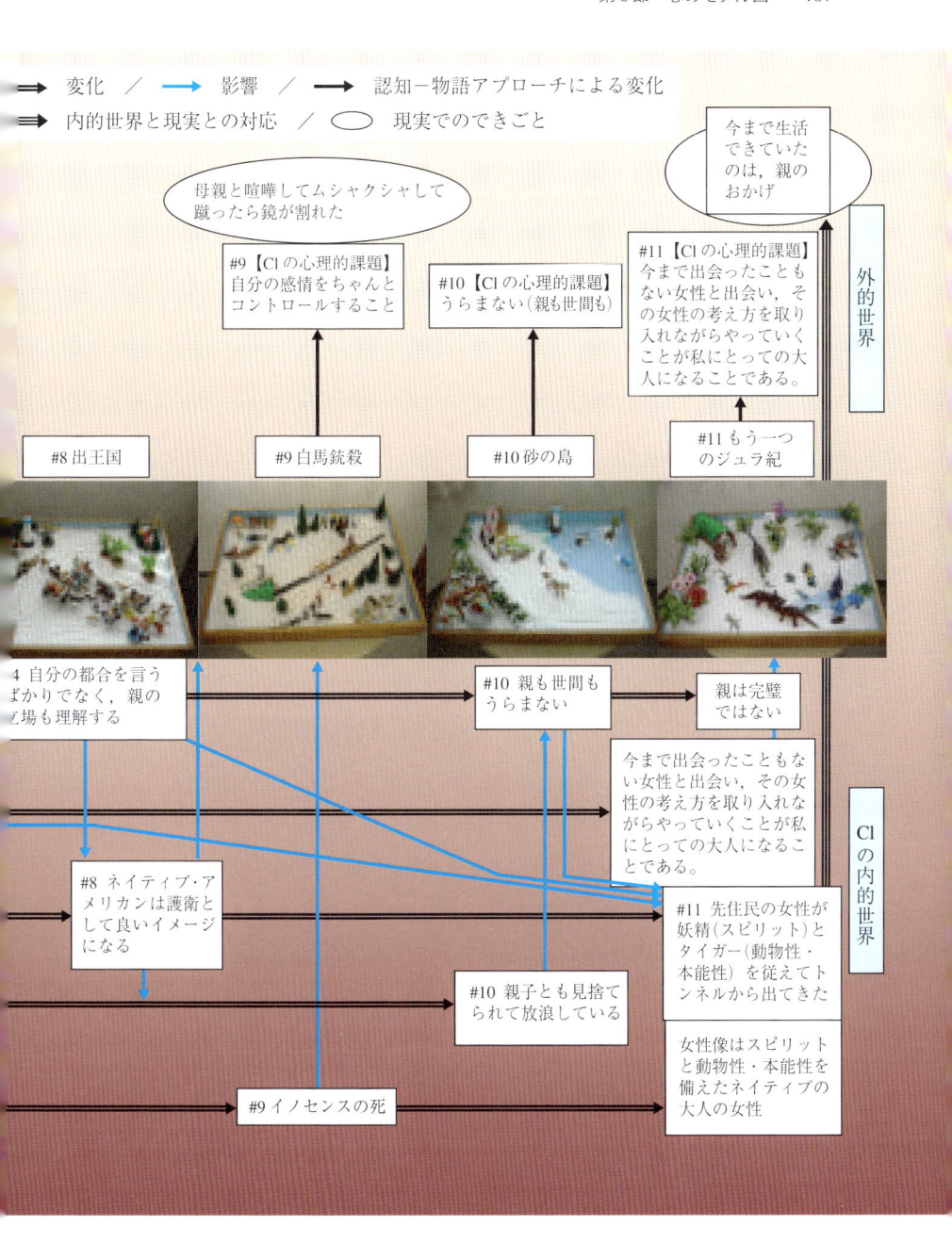

⇒ 変化　／　→ 影響　／　→ 認知－物語アプローチによる変化
⇒ 内的世界と現実との対応　／　○ 現実でのできごと

母親と喧嘩してムシャクシャして蹴ったら鏡が割れた

今まで生活できていたのは、親のおかげ

#9【Clの心理的課題】
自分の感情をちゃんとコントロールすること

#10【Clの心理的課題】
うらまない（親も世間も）

#11【Clの心理的課題】
今まで出会ったこともない女性と出会い、その女性の考え方を取り入れながらやっていくことが私にとっての大人になることである。

#8 出王国　#9 白馬銃殺　#10 砂の島　#11 もう一つのジュラ紀

外的世界

4 自分の都合を言うばかりでなく，親の立場も理解する

#10 親も世間もうらまない

親は完璧ではない

今まで出会ったこともない女性と出会い，その女性の考え方を取り入れながらやっていくことが私にとっての大人になることである。

Clの内的世界

#8 ネイティブ・アメリカンは護衛として良いイメージになる

#10 親子とも見捨てられて放浪している

#11 先住民の女性が妖精（スピリット）とタイガー（動物性・本能性）を従えてトンネルから出てきた

#9 イノセンスの死

女性像はスピリットと動物性・本能性を備えたネイティブの大人の女性

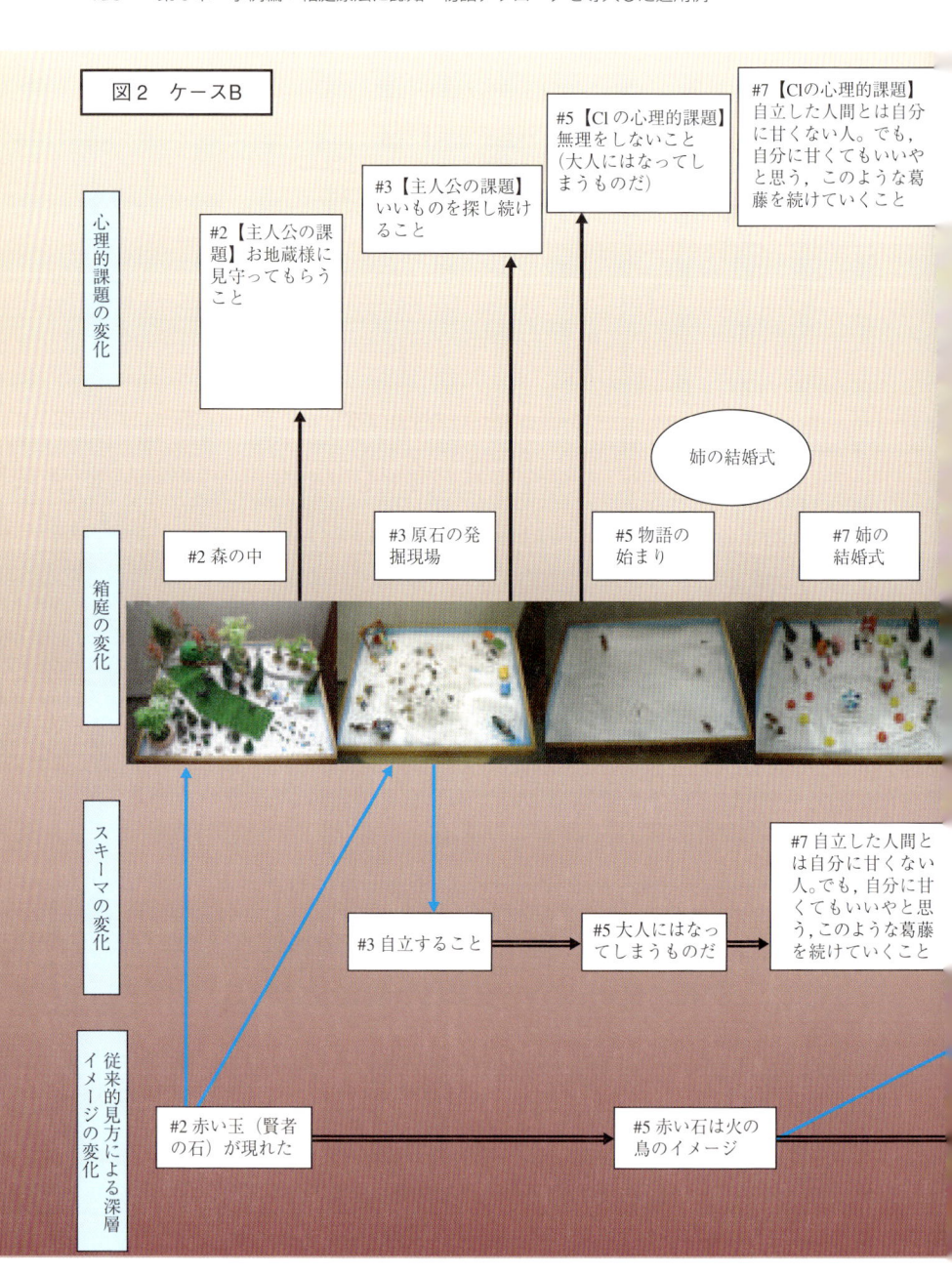

158　第3章　事例編：箱庭療法に認知-物語アプローチを導入した適用例

図2　ケースB

心理的課題の変化

#2【主人公の課題】お地蔵様に見守ってもらうこと

#3【主人公の課題】いいものを探し続けること

#5【CIの心理的課題】無理をしないこと（大人にはなってしまうものだ）

#7【CIの心理的課題】自立した人間とは自分に甘くない人。でも、自分に甘くてもいいやと思う、このような葛藤を続けていくこと

姉の結婚式

箱庭の変化

#2 森の中

#3 原石の発掘現場

#5 物語の始まり

#7 姉の結婚式

スキーマの変化

#3 自立すること → #5 大人にはなってしまうものだ → #7 自立した人間とは自分に甘くない人。でも、自分に甘くてもいいやと思う、このような葛藤を続けていくこと

従来的見方による深層イメージの変化

#2 赤い玉（賢者の石）が現れた → #5 赤い石は火の鳥のイメージ

第8節　心のモデル図

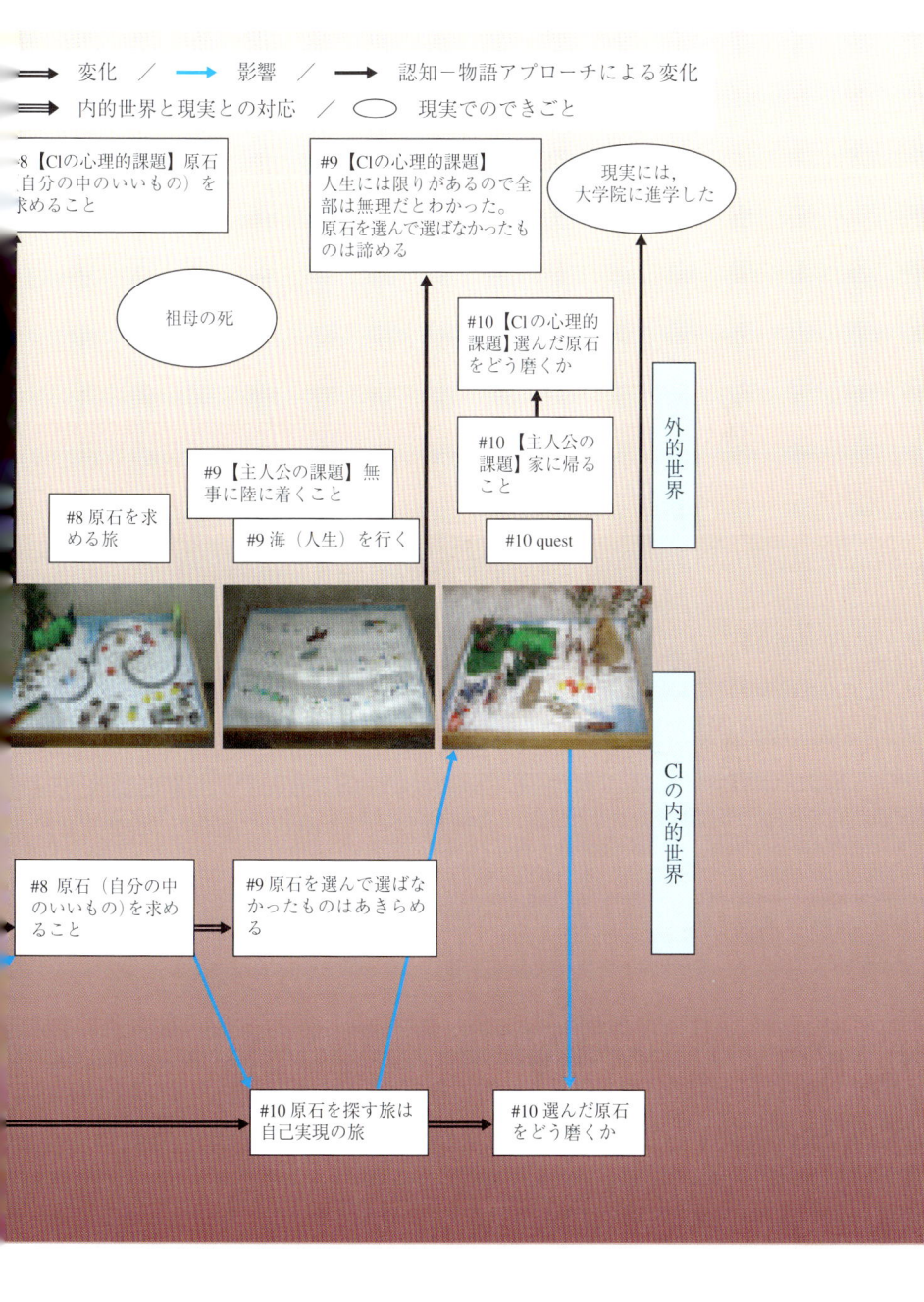

⟹ 変化　/　→ 影響　/　→ 認知−物語アプローチによる変化
⟹ 内的世界と現実との対応　/　◯ 現実でのできごと

#8【Clの心理的課題】原石（自分の中のいいもの）を求めること

#9【Clの心理的課題】人生には限りがあるので全部は無理だとわかった。原石を選んで選ばなかったものは諦める

現実には，大学院に進学した

祖母の死

#10【Clの心理的課題】選んだ原石をどう磨くか

#9【主人公の課題】無事に陸に着くこと

#10【主人公の課題】家に帰ること

#8 原石を求める旅

#9 海（人生）を行く

#10 quest

外的世界

Clの内的世界

#8 原石（自分の中のいいもの）を求めること

#9 原石を選んで選ばなかったものはあきらめる

#10 原石を探す旅は自己実現の旅

#10 選んだ原石をどう磨くか

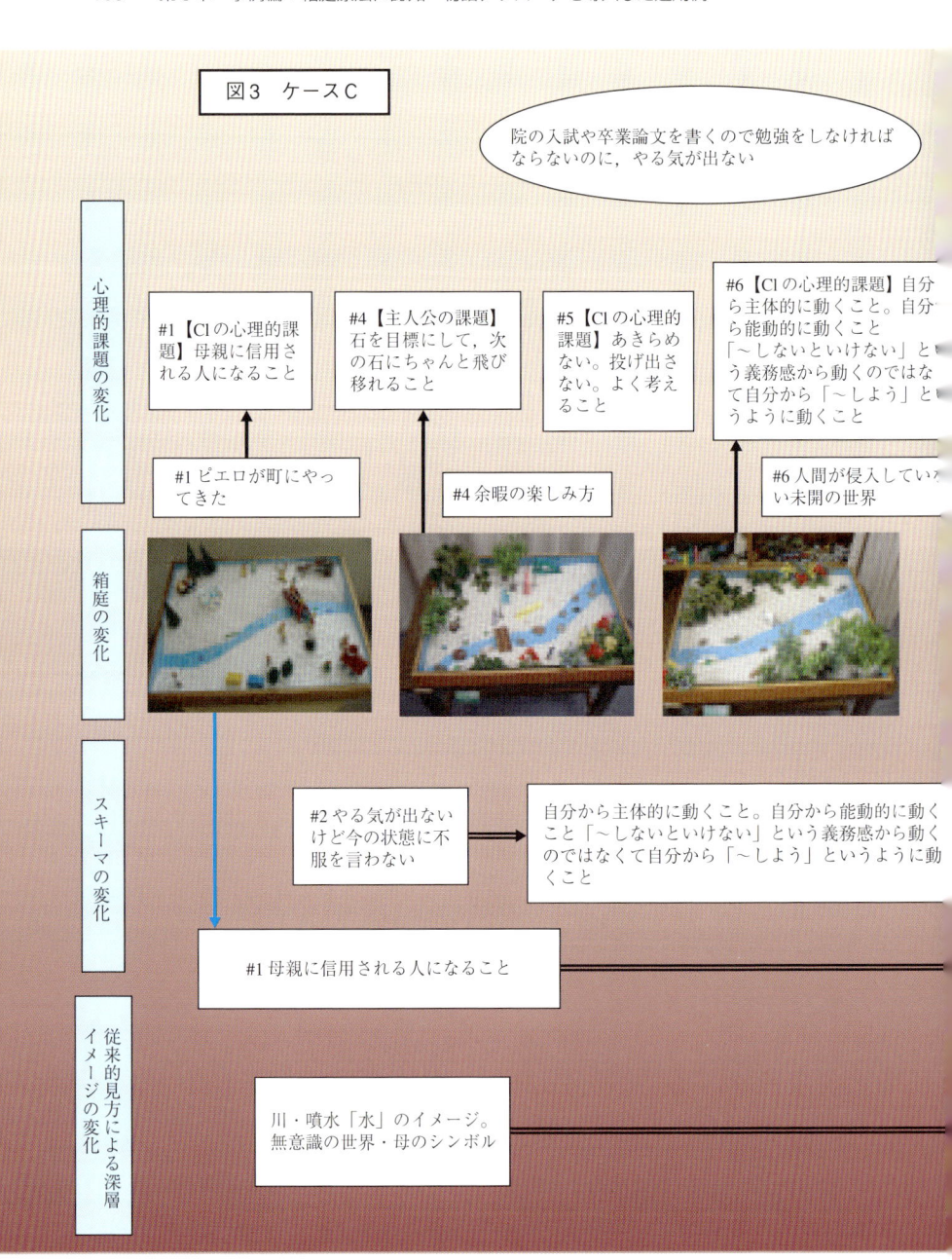

160　第3章　事例編：箱庭療法に認知-物語アプローチを導入した適用例

図3　ケースC

院の入試や卒業論文を書くので勉強をしなければならないのに，やる気が出ない

心理的課題の変化

#1【CIの心理的課題】母親に信用される人になること

#4【主人公の課題】石を目標にして，次の石にちゃんと飛び移れること

#5【CIの心理的課題】あきらめない。投げ出さない。よく考えること

#6【CIの心理的課題】自分ら主体的に動くこと。自分ら能動的に動くこと「〜しないといけない」という義務感から動くのではなて自分から「〜しよう」というように動くこと

#1 ピエロが町にやってきた

#4 余暇の楽しみ方

#6 人間が侵入していない未開の世界

箱庭の変化

スキーマの変化

#2 やる気が出ないけど今の状態に不服を言わない

自分から主体的に動くこと。自分から能動的に動くこと「〜しないといけない」という義務感から動くのではなくて自分から「〜しよう」というように動くこと

#1 母親に信用される人になること

従来的見方による深層イメージの変化

川・噴水「水」のイメージ。無意識の世界・母のシンボル

第8節　心のモデル図　161

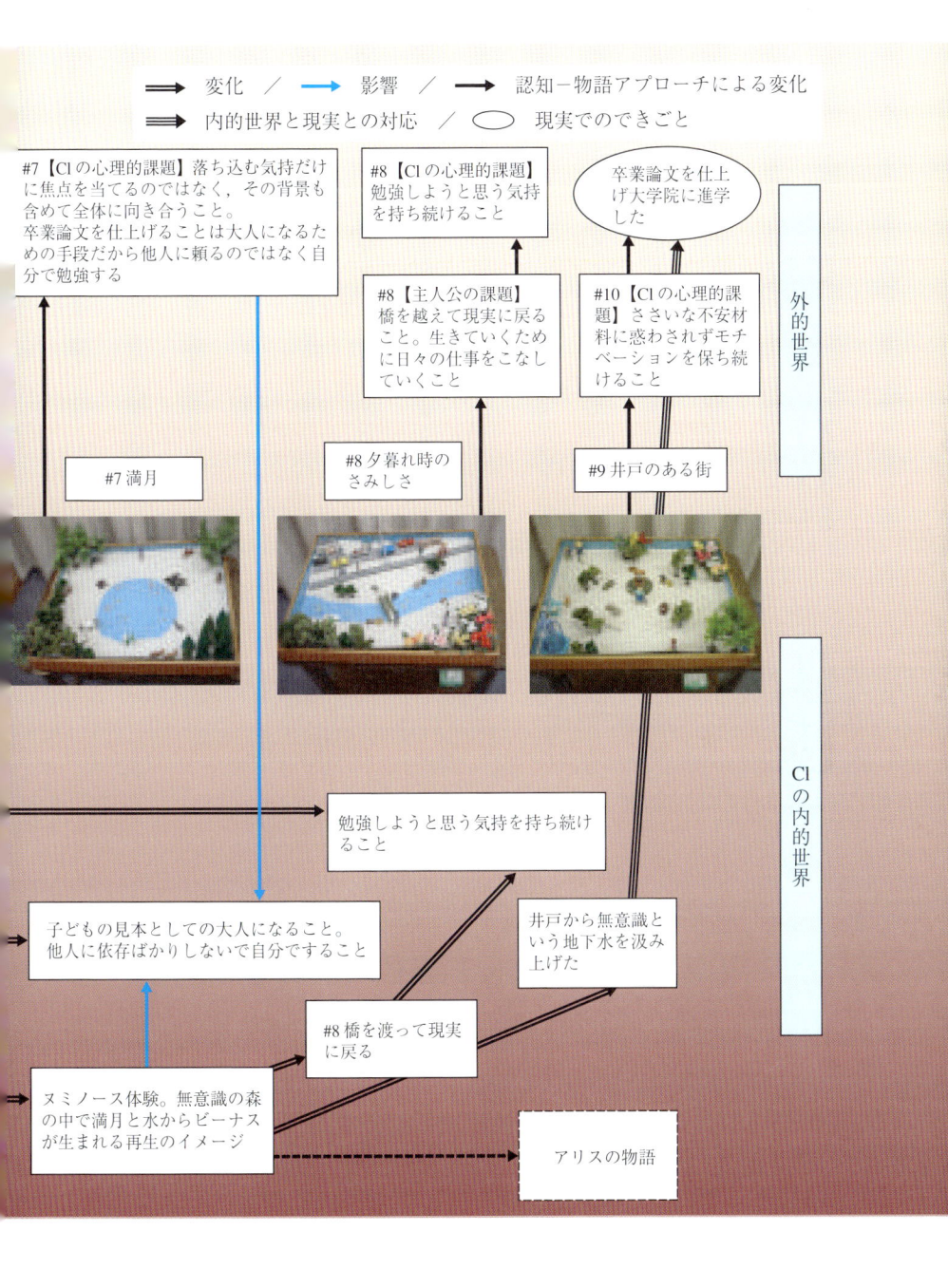

➡ 変化　／　➡ 影響　／　➡ 認知－物語アプローチによる変化
➡ 内的世界と現実との対応　／　◯ 現実でのできごと

#7【Clの心理的課題】落ち込む気持だけに焦点を当てるのではなく，その背景も含めて全体に向き合うこと。卒業論文を仕上げることは大人になるための手段だから他人に頼るのではなく自分で勉強する

#8【Clの心理的課題】勉強しようと思う気持を持ち続けること

（卒業論文を仕上げ大学院に進学した）

#8【主人公の課題】橋を越えて現実に戻ること。生きていくために日々の仕事をこなしていくこと

#10【Clの心理的課題】ささいな不安材料に惑わされずモチベーションを保ち続けること

外的世界

#7 満月

#8 夕暮れ時のさみしさ

#9 井戸のある街

Clの内的世界

勉強しようと思う気持を持ち続けること

子どもの見本としての大人になること。他人に依存ばかりしないで自分ですること

井戸から無意識という地下水を汲み上げた

#8 橋を渡って現実に戻る

ヌミノース体験。無意識の森の中で満月と水からビーナスが生まれる再生のイメージ

アリスの物語

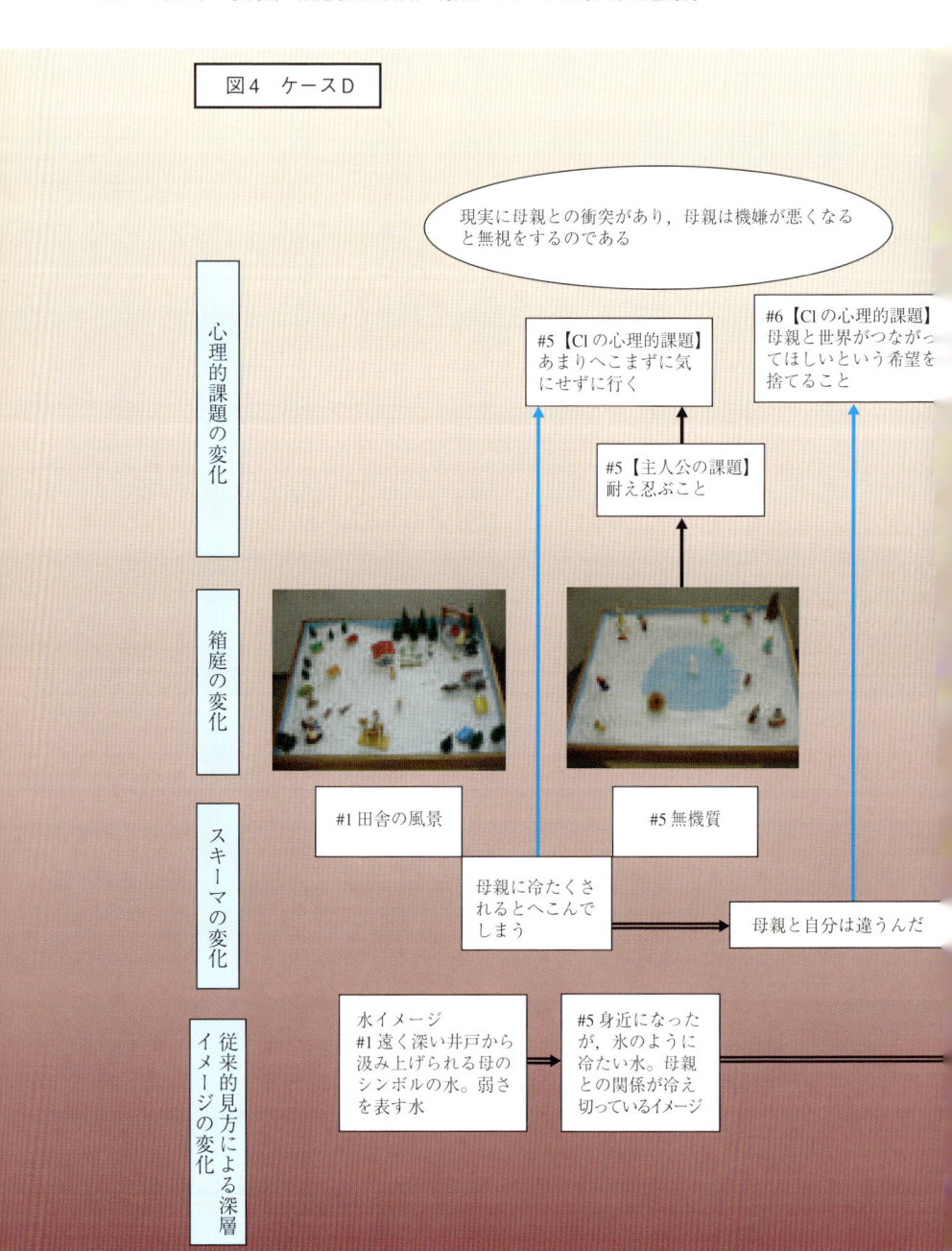

162　第3章　事例編：箱庭療法に認知－物語アプローチを導入した適用例

図4　ケースD

現実に母親との衝突があり，母親は機嫌が悪くなると無視をするのである

心理的課題の変化

#5【Clの心理的課題】あまりへこまずに気にせずに行く

#6【Clの心理的課題】母親と世界がつながってほしいという希望を捨てること

#5【主人公の課題】耐え忍ぶこと

箱庭の変化

#1 田舎の風景

#5 無機質

スキーマの変化

母親に冷たくされるとへこんでしまう

母親と自分は違うんだ

従来の見方による深層イメージの変化

水イメージ
#1 遠く深い井戸から汲み上げられる母のシンボルの水。弱さを表す水

#5 身近になったが，氷のように冷たい水。母親との関係が冷え切っているイメージ

第8節　心のモデル図　163

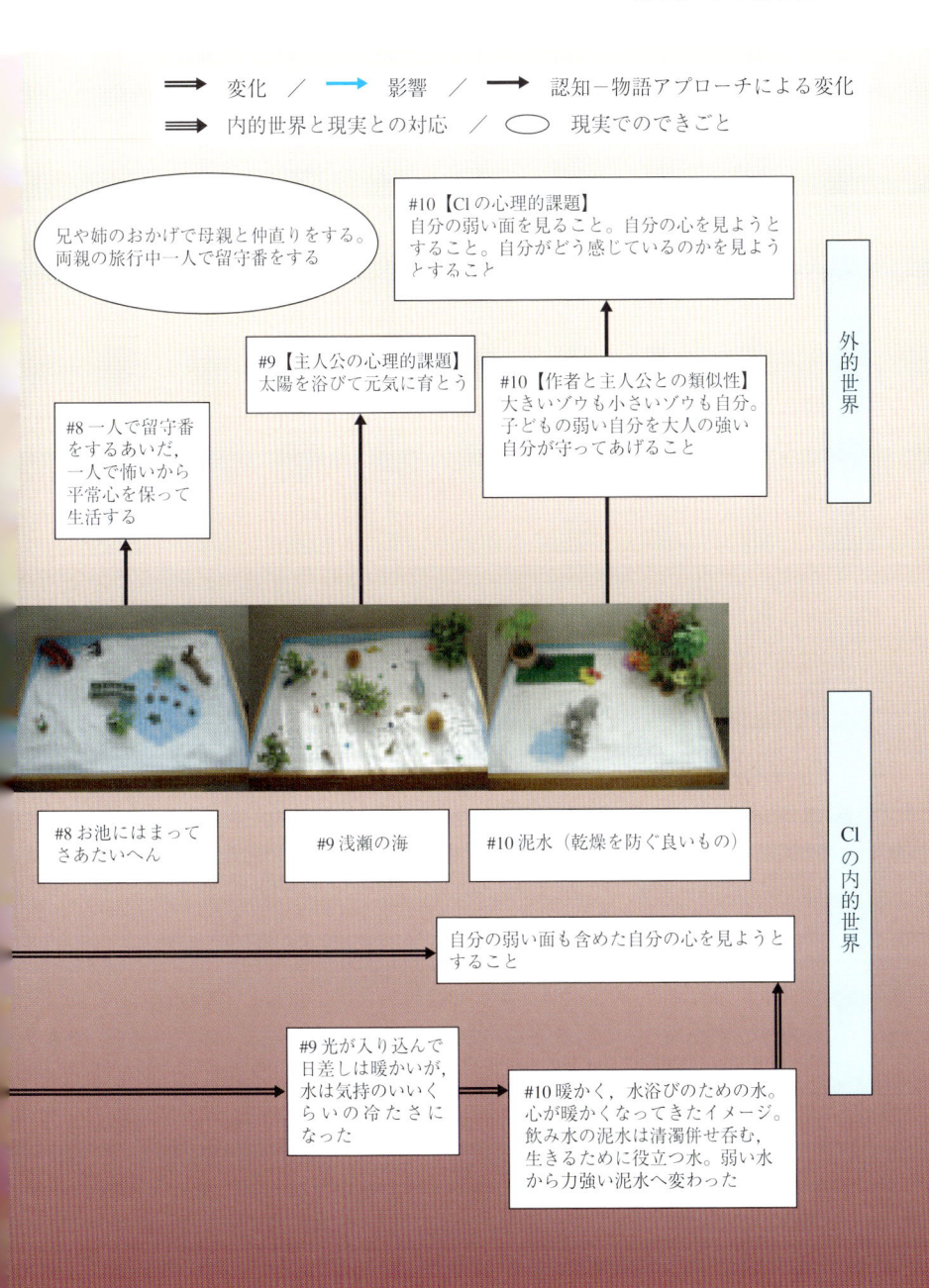

⇒ 変化　／　→ 影響　／　→ 認知−物語アプローチによる変化
⇒ 内的世界と現実との対応　／　◯ 現実でのできごと

兄や姉のおかげで母親と仲直りをする。両親の旅行中一人で留守番をする

#10【Clの心理的課題】
自分の弱い面を見ること。自分の心を見ようとすること。自分がどう感じているのかを見ようとすること

#9【主人公の心理的課題】
太陽を浴びて元気に育とう

#10【作者と主人公との類似性】
大きいゾウも小さいゾウも自分。子どもの弱い自分を大人の強い自分が守ってあげること

#8 一人で留守番をするあいだ，一人で怖いから平常心を保って生活する

外的世界

#8 お池にはまってさあたいへん

#9 浅瀬の海

#10 泥水（乾燥を防ぐ良いもの）

Clの内的世界

自分の弱い面も含めた自分の心を見ようとすること

#9 光が入り込んで日差しは暖かいが，水は気持ちのいいくらいの冷たさになった

#10 暖かく，水浴びのための水。心が暖かくなってきたイメージ。飲み水の泥水は清濁併せ呑む，生きるために役立つ水。弱い水から力強い泥水へ変わった

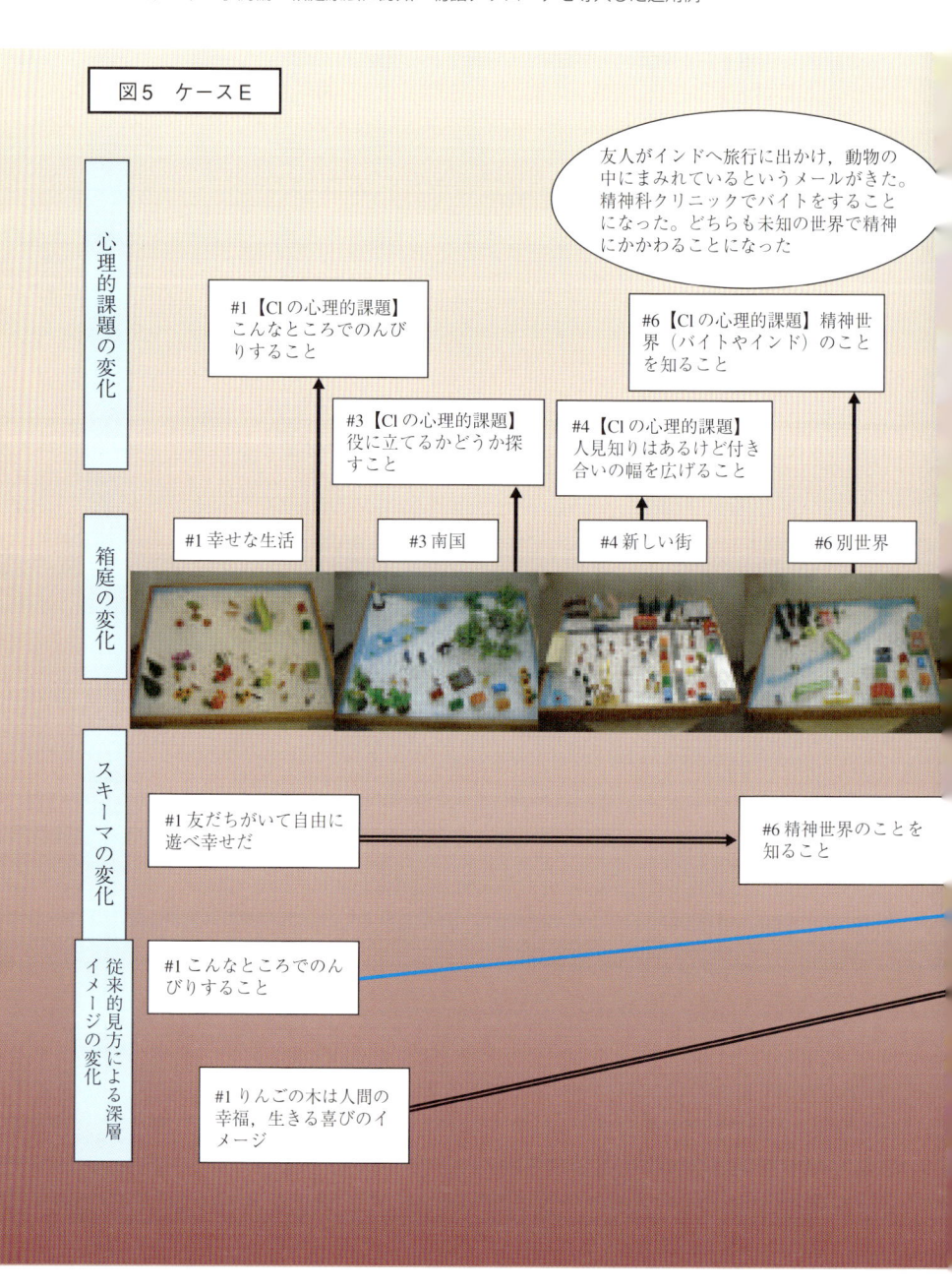

164　第3章　事例編：箱庭療法に認知 - 物語アプローチを導入した適用例

図5　ケースE

友人がインドへ旅行に出かけ，動物の中にまみれているというメールがきた。精神科クリニックでバイトをすることになった。どちらも未知の世界で精神にかかわることになった

心理的課題の変化

#1【Clの心理的課題】こんなところでのんびりすること

#3【Clの心理的課題】役に立てるかどうか探すこと

#4【Clの心理的課題】人見知りはあるけど付き合いの幅を広げること

#6【Clの心理的課題】精神世界（バイトやインド）のことを知ること

箱庭の変化

#1 幸せな生活　　#3 南国　　#4 新しい街　　#6 別世界

スキーマの変化

#1 友だちがいて自由に遊べ幸せだ

#6 精神世界のことを知ること

従来的見方による深層イメージの変化

#1 こんなところでのんびりすること

#1 りんごの木は人間の幸福，生きる喜びのイメージ

第8節 心のモデル図　165

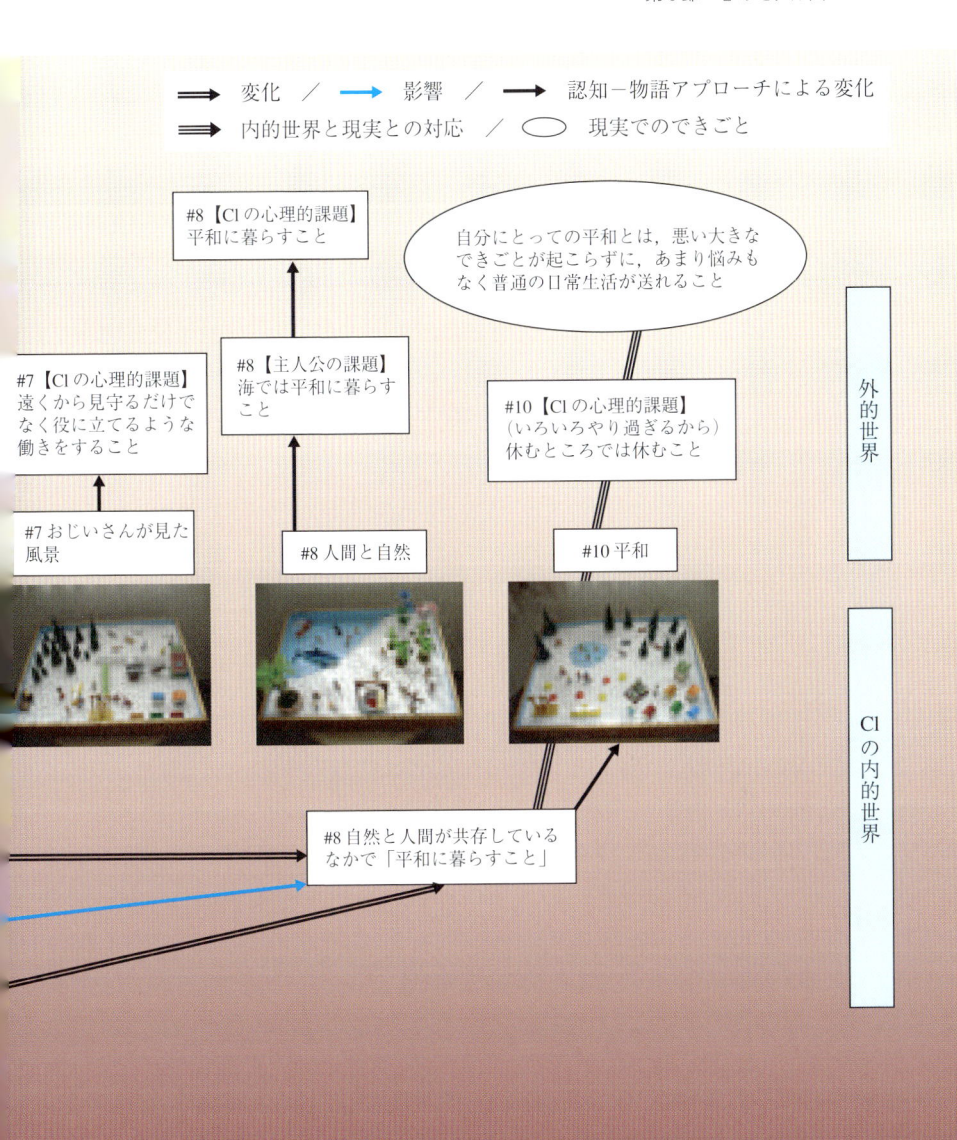

⇒ 変化　／　→ 影響　／　→ 認知－物語アプローチによる変化
⇛ 内的世界と現実との対応　／　◯ 現実でのできごと

#8【Clの心理的課題】
平和に暮らすこと

自分にとっての平和とは，悪い大きなできごとが起こらずに，あまり悩みもなく普通の日常生活が送れること

#7【Clの心理的課題】
遠くから見守るだけでなく役に立てるような働きをすること

#8【主人公の課題】
海では平和に暮らすこと

#10【Clの心理的課題】
（いろいろやり過ぎるから）休むところでは休むこと

#7 おじいさんが見た風景

#8 人間と自然

#10 平和

外的世界

Clの内的世界

#8 自然と人間が共存しているなかで「平和に暮らすこと」

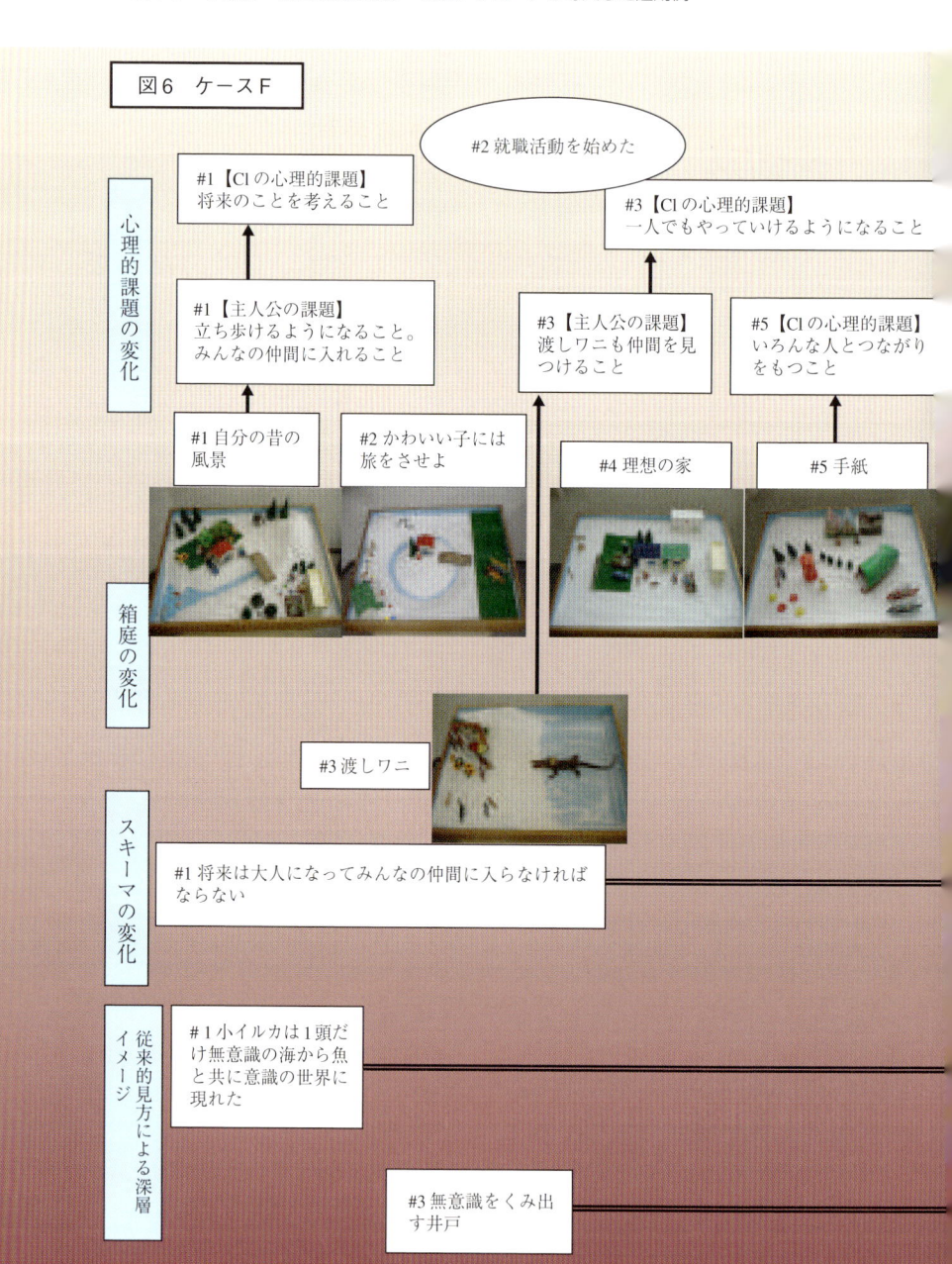

166　第3章　事例編：箱庭療法に認知-物語アプローチを導入した適用例

図6　ケースF

心理的課題の変化

#1【Clの心理的課題】
将来のことを考えること

#2 就職活動を始めた

#3【Clの心理的課題】
一人でもやっていけるようになること

#1【主人公の課題】
立ち歩けるようになること。
みんなの仲間に入れること

#3【主人公の課題】
渡しワニも仲間を見つけること

#5【Clの心理的課題】
いろんな人とつながりをもつこと

箱庭の変化

#1 自分の昔の風景

#2 かわいい子には旅をさせよ

#4 理想の家

#5 手紙

#3 渡しワニ

スキーマの変化

#1 将来は大人になってみんなの仲間に入らなければならない

従来的見方による深層イメージ

#1 小イルカは1頭だけ無意識の海から魚と共に意識の世界に現れた

#3 無意識をくみ出す井戸

第8節 心のモデル図　167

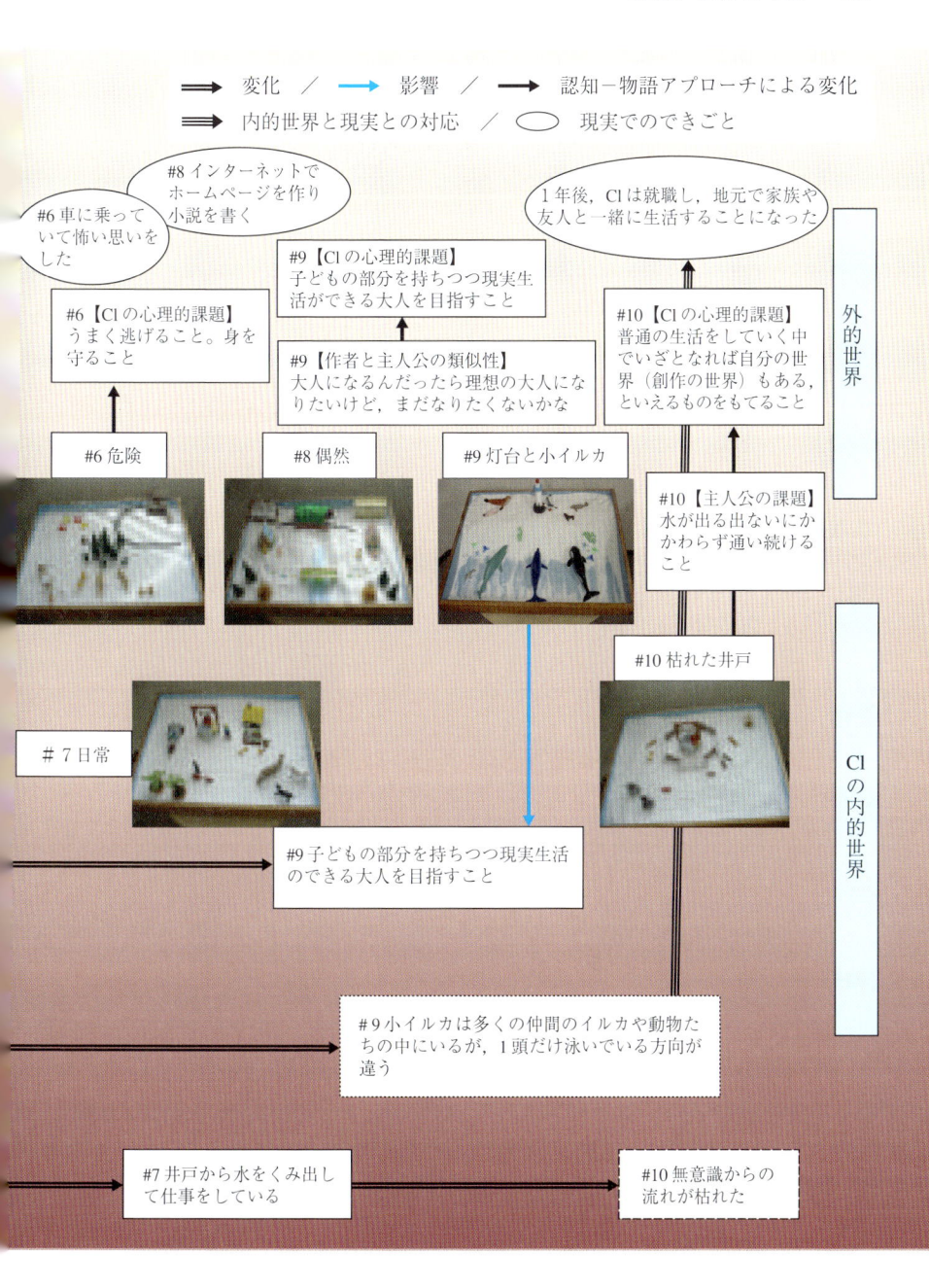

⇒ 変化　／　→ 影響　／　→ 認知-物語アプローチによる変化
⇒ 内的世界と現実との対応　／　○ 現実でのできごと

○ #6 車に乗っていて怖い思いをした

○ #8 インターネットでホームページを作り小説を書く

○ 1年後，Clは就職し，地元で家族や友人と一緒に生活することになった

#6【Clの心理的課題】
うまく逃げること。身を守ること

#9【Clの心理的課題】
子どもの部分を持ちつつ現実生活ができる大人を目指すこと

#9【作者と主人公の類似性】
大人になるんだったら理想の大人になりたいけど，まだなりたくないかな

#10【Clの心理的課題】
普通の生活をしていく中でいざとなれば自分の世界（創作の世界）もある，といえるものをもてること

#10【主人公の課題】
水が出る出ないにかかわらず通い続けること

#6 危険

#8 偶然

#9 灯台と小イルカ

#10 枯れた井戸

#7 日常

#9 子どもの部分を持ちつつ現実生活のできる大人を目指すこと

#9 小イルカは多くの仲間のイルカや動物たちの中にいるが，1頭だけ泳いでいる方向が違う

#7 井戸から水をくみ出して仕事をしている

#10 無意識からの流れが枯れた

外的世界

Clの内的世界

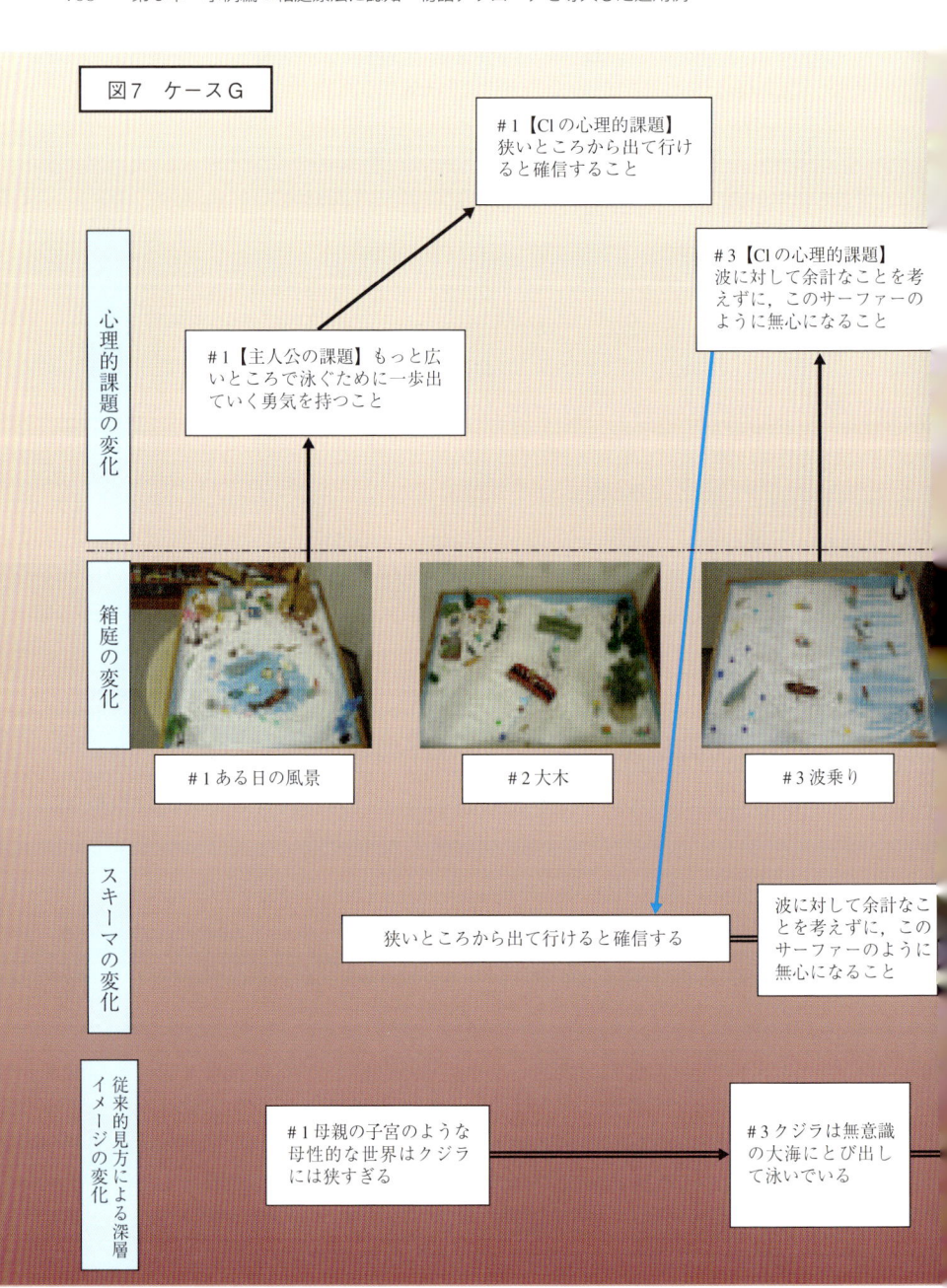

168　第3章　事例編：箱庭療法に認知‐物語アプローチを導入した適用例

図7　ケースG

心理的課題の変化

#1【CIの心理的課題】狭いところから出て行けると確信すること

#3【CIの心理的課題】波に対して余計なことを考えずに，このサーファーのように無心になること

#1【主人公の課題】もっと広いところで泳ぐために一歩出ていく勇気を持つこと

箱庭の変化

#1 ある日の風景　　#2 大木　　#3 波乗り

スキーマの変化

狭いところから出て行けると確信する

波に対して余計なことを考えずに，このサーファーのように無心になること

従来的見方による深層イメージの変化

#1 母親の子宮のような母性的な世界はクジラには狭すぎる

#3 クジラは無意識の大海にとび出して泳いでいる

第8節　心のモデル図　　169

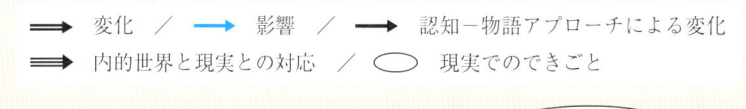

➡ 変化　　／　　→ 影響　　／　　→ 認知−物語アプローチによる変化
➡ 内的世界と現実との対応　　／　　○ 現実でのできごと

#9【Clの心理的課題】
見通しの立たないことに対しても，とりあえず飛び込んでみること。それで失敗したら，そのとき考えればいい。考えても仕方がないので，「いいや」という感じで行っちゃうこと

1年後，Clは就職し，家族や友人と離れて一人で生活することになった

外的世界

#9 少年（旅人）

#10 森の中のバス停

Clの内的世界

見通しの立たないことに対しても，とりあえず飛び込んでみること。それで失敗したら，そのとき考えればいい。考えても仕方がないので，「いいや」という感じで行っちゃうこと

#9 ついに，旅人の少年は理想とする大樹もありお社もある神聖な場所の対岸にまでやってきた

#10 対岸に渡った少年はもうすでに青年になって少女と一緒に神聖な森の中で，次なる目的地へ行くためにバスを待っている。男性性と女性性を統合して自己の全体性への過程が始まった

第4章

考察：
自分で読み解く
イメージ表現

第1節　総合考察

1．心理的課題が効果的に生成され，その達成も促進される要因

1）心理的課題の生成における認知‐物語アプローチの導入の効果

　認知‐物語アプローチの6段階を経ることは，Cl 自身がその課題を意識しやすい仕組みである。この試みでは Cl が箱庭作品の物語をつくり，その物語の主人公の心理的課題を媒体にして Cl 自身が自分の心理的課題を見いだすというやり方である。

　本研究での認知‐物語アプローチを取り入れた箱庭療法は，Th と Cl の一対一で実施した。Cl は Th の導きで，このアプローチの6段階を経ることにより，Cl 自身が自分の心理的課題を導き出すことができた。特に，第5段階の，主人公と作者の類似性をみつけて自分の課題を導くことが，Cl が自分の心理的課題を意識化することを促進していると思われた。

　箱庭を制作することで課題が達成されるというのは，課題が認識できたとき，具体的な行動が浮かびやすく，心理的課題が遂行されると現実も変わると思われる。箱庭の物語が先にあって，後から現実が動く場合である。

2）心理的課題の達成を促進する要因

　これは，Cl が箱庭作品から主人公の課題を見つけ，自分の課題に転換するとき，箱庭にはいろいろな要素が含まれているなかから，Cl 自身に実現可能な課題に変えることで焦点が絞られ，自分が考え出した自分の課題なので，主体的な変化もあり，主体的にかかわろうとするところに促進の効果があり，それにより課題が活性化され，現実も変わると思われる。

　これは，認知療法のスキーマの観点からすると，適応的スキーマの活性化でもあり，PDL 法（Padesky, 1994）でも言われているように，「適応的スキーマが増えたり活性化されると，結果的に不適応的スキーマが変化する」

ことと同じようなスキーマ修正の効果があると思われた。

また，心理的課題の言語化は心の問題を実現可能な課題に変えることでもあり，Th という対象に言ってみることで，心理的課題は言語化され意識化され，日常生活のなかで実行してみることで，現実も変わると思われた。これは，従来の心理療法の基本である Th に傾聴してもらうことで，自己洞察が起き，認知が変わり，行動・現実が変わることに通じる。

一方，認知療法の観点からすると，Th は「Cl を共同研究者」（Beck, 1995）と考え，「Th は Cl を矯正しようとするのではなく，Cl の問題を解決するために一緒に作業をする人である」（大野，1991）という考え方をすることとも関係があるだろう。

3）心理的課題が「促進」される仕組み

主人公を設定することは，Cl 自身から距離をおいた形となり，主人公の課題として Cl の問題が導き出されやすくなり，主人公と Cl 自身との共通点，類似点を考えることが媒体となり，Cl の心理的課題が引き出される。その課題は，Cl 本人が考えたことなので，Cl の問題が自分にとって扱いやすい課題という形になり，そのときの Cl 本人の許容量にピッタリ合うので抵抗なく受け入れられる。そのような Cl の心理的課題は，問題解決志向という面も作用するのか，適応的スキーマを活性化し，結果的にスキーマのバランスが良くなり，現実生活や次の作品をつくるときに影響を及ぼすと思われる。

これを繰り返すうちに，視点の多様な課題を認知することで，より深いレベルの変化が起き，ときには，箱庭に表現された深層の課題が変化したり，箱庭療法の従来的解釈による深層イメージに影響を与えることもあるのである。それに伴って，現実的には問題解決の幅が広がり，行動面・現実レベルでの変化が起きると思われた。

4）「促進」される要因として，視点の転換による認知の変化

視点の転換による認知の変化とは，このアプローチが Cl に自己洞察を促し，Cl の内面の変化を起こしやすい仕組みになっていることによるだろう。

以下に，自己・他者・世界・未来に対する見方の優勢な認知の変化が見られた例を取り上げた。

これら四つの方向（自己・他者・世界・未来）は，4種類のスキーマ（Beck, et al., 1979）と一致することから考えると，4種類の視点（自己・他者・世界・未来）のスキーマを活性化するように認知が変化したともいえるだろう。ただし，4種類がきれいに1種類ずつに分かれているのではなく，2種類・3種類と重なっている場合もある。

以下に示すのは，4種類のうちでも一番優勢なものに焦点をあてて分類してみた。

① **自己に対するスキーマの変遷**

(イ)

ケースD（図4：「スキーマの変化」参照）

〈自己に対するスキーマの変化のプロセス〉
「自分は母親に冷たくされるとへこんでしまう」
　　　↓
「母親と自分は違うんだ」
　　　↓
「自分の弱い面も含めた自分の心を見ようとすること」

スキーマの観点からすると，「母親に冷たくされるとへこんでしまう」という，母親から無視されるとつらくて傷つくから，見ないようにシャットアウトしているものから，「自分の弱い面も含めた自分の心を見ようとする」方向へと，自分自身に対するスキーマがバランスのいいように活性化され変化しているものと思われる。

(ロ)

ケースDでは大ゾウと小ゾウ，ケースFでは灯台と小イルカ，というように，自己の二面性を自覚し，視点の移動により視野が拡大し，それらの統合により自己を変容させていった。

(ハ)

ケースGでは，大木やサーファーという主人公に，理想の自分を投影した。

② **他者に対するスキーマの変遷**

ケースA（図1:「スキーマの変化」参照）

〈母親に対する認知の変化のプロセス〉

「お母さんは私のことをわかってくれない」
　　　↓
「自分の都合を言うばかりでなく，親の立場も理解する」
　　　↓
「親も世間も恨まない」
　　　↓
「親は完璧ではない」

母親に注意されて，「お母さんは私のことをわかってくれない」というスキーマがあることが推測された。

従来的見方による深層イメージの変化では，一方的に女神様に頼むところから，女神様の立場も考慮に入れた視点に転換している。

ここで，Clの内部で認知が反転し，Clは自分中心の視点から女神様の立場，そしてさらに「自分の都合を言うばかりでなく，親の立場も理解する」という，母親の視点で事態を把握することができるようになったのではないかと思われる。

彼女は，「親も世間も恨まない」という，親を否定しない形で自立する道を探しているのではないか。母性的世界を大切に思いながらも，親から自立することが彼女の課題になっていると思われる。

③ **世界に対するスキーマの変遷**

ケースE（図5:「スキーマの変化」参照）

〈世界に対する認知の変化のプロセス〉
「まず，精神世界のことを知ること」
　　　　　　↓
「自然と人間が共存しているなかで平和に暮らすこと」

　自分の知らない「別世界」が，精神世界から，自然と人間の共存のなかで「平和に暮らすこと」へと，世界に対する見方が変化していったと思われる。
④　未来に対するスキーマの変遷
(イ)
ケースＧ（図７:「スキーマの変化」参照）

〈未来に対する認知の変化のプロセス〉
「狭いところから出て行けると確信する」
　　　　　　↓
「見通しの立たないことに対しても，とりあえず飛び込んでみること。それで失敗したら，そのとき考えればいい。考えても仕方がないので，『いいや』という感じで行っちゃうこと」

　スキーマの観点からすると，「狭いところから出て行けると確信すること」から，「見通しの立たないことに対しても，とりあえず飛び込んでみること。それで失敗したら，そのとき考えればいい。考えても仕方がないので，『いいや』という感じで行っちゃうこと」という具体的で現実的な信念に変わった。
(ロ)
　ケースＡでは，最初，漠然と「大人になること」だったのが，最終回には「私にとっての大人になること」とは「今まで出会ったことのない人の考え方も取り入れながら年を重ねていくこと」という，自分にとって具体的で適応的な課題に変わった。

2．内面化への歩みと現実適応との関係

1）認知 - 物語アプローチを導入することによる外的世界と CI の内的世界との関係（心のモデル図の図 1 から図 7 を通して見た場合）（表 15）

図1・図2・図3は，CIの内的世界のなかで，スキーマと深層イメージの間で活発に精神エネルギーが活動していることが窺える（精神エネルギーは矢印によって示されている）。それに伴って，外的世界も動いている。

図4・図7は，深層イメージでの精神エネルギーの動きが上記三つに比べて穏やかである。

表15　外的世界と CI の内的世界の関係

ケース図表とその特徴	外的世界と CI の内的世界・矢印の方向
図1（ケースA） 　深層の認知が表層の認知とつながっている例 図2（ケースB） 　表層の認知にとらわれず深層の認知が進んでいった例 図3（ケースC） 　深層の認知が進み過ぎたときに安全装置を備えている例	外的世界と CI の内的世界の記述はどちらも豊富で矢印の方向も多方向である。
図4（ケースD） 　表層の認知と深層の認知と現実適応が各レベルにおいて並行に動いた例 図7（ケースG） 　表層の認知も深層認知も変化しているが，自己評価とはズレている例	外的世界と CI の内的世界の記述はどちらも同じくらいあるが，矢印の方向は一方向である。
図5（ケースE） 　表層の認知の変化が中心だった例	外的世界　外的世界に比べ CI の内的世界の記述が少ない。スキーマのレベルの記述は多いが深層イメージが極端に少ない。
図6（ケースF） 　現実適応を重視するあまり，深層のものを汲み上げきれないことを表している例	外的世界の記述が CI の内的世界の記述よりも多い。深層イメージが途絶えている。

図5は，スキーマのレベルと現実の世界に精神エネルギーは流れているが，深層イメージではほとんど変化がない。

図6は，外的世界の記述が多いことは現実適応に精神エネルギーを使い過ぎているとも考えられる。表面の適応を重視するあまり，深層のものを汲み上げきれなかったところも窺える。

2）心理的課題の自己評価の変遷

心理的課題の自己評価の変遷では，二つの軸が考えられる。一つは，「心理的課題の達成度」と「評価得点の変化度」である（図8）。

まず，Ⅰ群では，ほとんどの評価得点に変化があり，「心理的課題を達成した評価」（5点）まで達していた。箱庭の変化もあり，心理的課題の変化もあり，自己評価得点もそれに並行していると思われる。しかし，ほとんどが5点に達するというのは，見方を変えれば，期待に応えようとする過剰適応の傾向が窺えるのかもしれない。

ケースBでは，得点が徐々に上昇傾向に増加し，5点まで達していた。

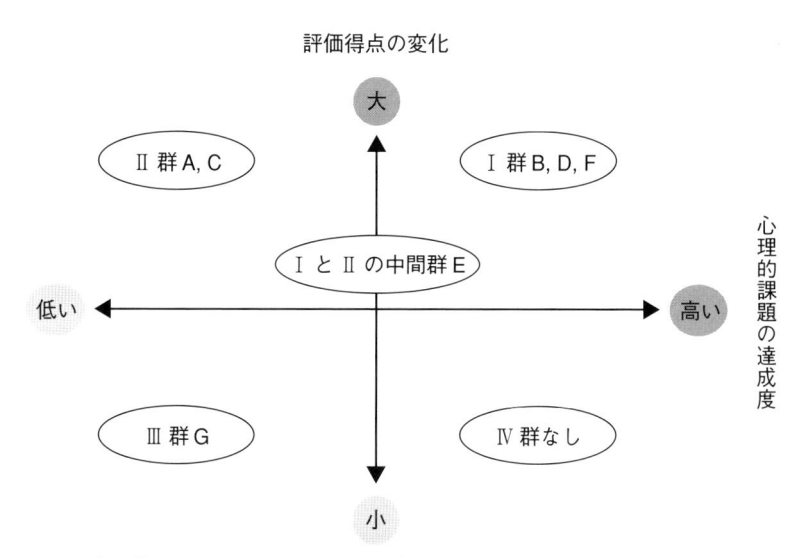

図8　心理的課題の達成度と評価得点の変化の関係

ケースDでは，数字の動きとしては，#1「4→3→5」，#3「1→4.9→0→5」のように上がり下がりがある。ケースFでは，各心理的課題を5点に達成させようとがんばっている様子が見える。

次に，II群について，ケースAとケースCの評価得点は，5点には達しないが，小数点レベルで徐々に上昇している。各課題項目がどれも5点に達していないのは，本人の要求水準が高いせいかもしれないし，課題達成の途中を示しているとも思われる。また，「評価得点の変化」の観点からすると動きは小さいが，上昇していく「評価得点の変化」に意味があり，必ずしも5点に達しなければならないことはないのである。

ケースEについては，5点に達するものと達しないものが半々で，「評価得点の変化」は上昇しているので，I群とII群の中間に位置することになった。

I群とII群について共通に言えることは，「評価得点の変化」について緩急はあるが，箱庭作品の変化と心理的課題の変化と本人の実感は並行に動き，ズレはあまりないと思われる。

III群のケースGは，「評価得点の変化」が小さく，5点に達する項目がないにもかかわらず，箱庭は変化し心理的課題の解決についても変化している。このようなズレはなぜ起こるのだろうか。箱庭制作に当たり，実感が伴わず知的につくったからかもしれない。心理的課題についても，表面的には解決したように見えるけれど，「評価得点の変化」が小さいことに示されているように，自分では納得していないことの表れかもしれない。これらのことに対しては内面的な介入が必要であろう。このような，実感が伴わないで知的に箱庭をつくるケースは，認知‐物語アプローチをすることの限界を示しているのかもしれないと思われる。

IV群に入るのは，自分自身を過大評価し，柔軟性がなく，自分を見つめる客観性が乏しい人であると言えるかもしれない。今回の場合，社会的適応をしている学生を対象にしていたこともあるのか，該当するケースはなかった。

第2節　認知療法の観点から箱庭作品を扱う意義

1）認知療法の観点から箱庭を使う利点

　まず第一に，ネガティブからポジティブへという段階を経なくても，適応的スキーマが形成されやすいのが，イメージ表現としての箱庭という設定である。箱庭作品の物語のなかの主人公の課題から自分の心理的課題を導き出すことは，スキーマの探究においては，不適応的スキーマを探すことなしに適応的スキーマが形成されることである。無意識的な適応的思考が箱庭作品の主人公に投影され，適応的スキーマを活性化するのである。そして，適応的スキーマを把握するだけでも現実は変わるのである。

　第二には，物語性を残して認知モデル（概念化）をつくることができることである。具体性と複雑性を保ちながら認知モデル（概念化）に伴う空疎さを避けることができることである。人生の物語性や複雑性を失わずに適応的スキーマを把握するのに箱庭が優れていると思われる。

2）心理的課題の遂行とスキーマの修正の関係

　箱庭療法に認知的アプローチを導入することにより心理的課題を導き出し遂行する過程は，認知療法の観点からすると，適応的スキーマを形成し獲得することにつながるのである。適応的スキーマが増えることは不適応的スキーマが変化することで，結果的にスキーマの修正をすることになる。このため，心理的課題の遂行はスキーマの修正法の一つになりうるだろう。

　パデスキー（Padesky, 1994）は不適応的スキーマに対抗するスキーマをバランスのよいスキーマと呼んだ。「認知理論によると，ネガティブ・スキーマが強すぎるときや，あまりに活性化するとき，および適応的なバランスのよいスキーマやポジティブ・スキーマが弱すぎるときや，あまりに活性化する頻度が低いときの両状況において，問題が生じる（Beck, 1976）」とされる。心理的課題を設定し向き合うことは，パデスキーのいうバランスのよ

いスキーマとポジティブ・スキーマの形成と獲得につながるとも考えられる。認知療法ではスキーマに働きかけることで，より本質的な治療が可能になるのである。

第3節　従来の認知療法との比較

1）他のスキーマ修正法のなかでの認知プロフィール法

スキーマ修正法としては，早期不適応スキーマの改変を目的とする治療的介入を取り入れたスキーマ療法（Young, 1990），PDL法（Padesky, 1994）や中核的信念ワークシート（Beck, J. S., 1995）などが上げられる。これらは，ネガティブな感情のときに想起される自動思考をたくさん集積したデータのなかから同定・推測される。

筆者はベック（Beck, J. S.）の中核的信念ワークシートで取り上げられた認知プロフィールを用いる方法（略して，認知プロフィール法）を日本で初めて実践した。それにより，日本でもスキーマ修正法になることがわかった（大前，1996）。この方法は，他のスキーマ修正法に比べて比較的スキーマを同定・強化しやすい方法とされている。

2）認知プロフィールを活用した事例との比較

大前（1996）の研究での，認知プロフィールを活用した認知療法の概要について述べる。

対象は6人で，22〜25歳の女子大学院生であった。面接の方法と期間は週1回60分の対面法で，8〜18回の認知療法を行った。6事例とも同じ方法でなされた。

(1) 治療への導入
(2) 治療初期　認知プロフィールの作成過程：スキーマの同定をする
(3) 治療中期
(4) 治療後期

本研究はこの認知プロフィール法と比べて大きく違うのが，ネガティブな自動思考から不適応的スキーマを特定することもなく，適応的スキーマが形成されることである。一般的な認知療法のプロセスでは，ネガティブな自動思考を探求することから始めるが，抑うつ傾向の Cl にネガティブな自動思考を想起させることで，抑うつ傾向が増加するという弊害がある場合には，ネガティブな自動思考を探求しない本研究のような方法が有効ではないかと思われる。

　また，この方法の特徴として，夢の場合と同様，箱庭・コラージュ・描画など，イメージ表現を用いる方法は，スキーマに到達しやすい方法と考えられる。認知プロフィール法の場合，従来のやり方に比べるとスキーマを発見・強化しやすい方法ではあるが，それでもスキーマに到達するまでに数回の自動思考の収集をしなければならない。スキーマの中身である中核的信念が導き出されるためには，それまでのセッションのなかで収集された自動思考のなかで共通のテーマから，Th が抽出したものが，中核的信念（スキーマの中身）である。筆者の方法では，これらをもとに，認知プロフィールを作成する。そして，作成された認知プロフィールをもう一度 Cl に見てもらうのである。そのときに，Cl の実感とずれているときには，その場で話し合い，必要なときは修正をし，Cl にとって一番ぴったりする認知プロフィールをつくり上げる。そのときに，Cl も認知プロフィールから，自分のスキーマを認知するのである。

　それと比べると，箱庭を使用した場合，1回の作品からでもスキーマをみつけることができることも多く（箱庭の表1〜14参照），10回のなかでスキーマの変化（総合考察174-176頁参照）も見られた。

　筆者の実施した認知プロフィール法での，スキーマが出るまでの回数をまとめたものが表16である。スキーマの中身である中核的信念が導き出されるためには，それまでのセッションのなかで自動思考を何度も聴いていかなければならない。筆者の場合，だいたい2〜6回の自動思考の共通項から表16のスキーマを導き出した。

表16 筆者の実施した認知プロフィール法での，スキーマが出るまでの回数

事例	年齢	スキーマが出るまでの回数	スキーマ（中核的信念）
A	25	1～5	私は劣っている。
		6～7	私は自立しなければならない（私は依存的だ）。
		14～15	今すぐやりとりできるようにしなくてはならない。
		14～15	私は，自分だけで責任を持って行動しなければならない。
B	23	2～5	私は，何かにつけて関わろうとする。 私はしたいことはたくさんあるが，全部きっちりとすべきだ。
		6～13	相手が私よりも優先されるべきだ。 人間関係は対等でない。
C	24	2～7	私はみんなとうまくやっていくべきである。 私は良いリーダーシップをとるべきである。
D	23	2～5	私は無力だ。 私は一人ぼっちだ。
E	25	2～6	男と女は対等であるべきだ。
		6～13	私は相手を思うように動かしたい。
F	22	2～6	人間は皆国籍を越えてつきあえるものだ。

第4節　認知物語療法の有用性

1）安全性

　この方法は，自我のコントロール機能を強化する方法といえるかもしれない。箱庭療法に認知的アプローチを取り入れることは，置かれた箱庭をもう一度言葉で物語り，主人公の感覚・感情・思考を再意識化する方法であるので，箱庭療法で表現されたものを自我のコントロールに置くことになる。このことは，三木ら（1991）の方法から物語法であるサンドドラマ法を開発した東山（1994）が「箱庭で置かれた世界をもう一度言葉やイメージで意識化

することは，現実と非現実の壁の薄い大人の Cl に対して行動化がコントロールされる方法なのである」と述べていることからも窺える。

　このことは，たとえば箱庭に表現されたイメージのままで箱庭療法を進めていくときに，無意識の妄想を発展させる場合がある。そのときに認知的アプローチの6段階の再意識化のプロセスを経ることが安全弁となり，意識化の枠組みがしっかりし，現実とのつながりを持ちながら無意識のイメージを展開できる方法となると思われる。

　この方法は，無意識領域のイメージを表現した箱庭作品に認知療法という意識化の枠組みを入れ込むのである。それは，Cl の意識で取り出したものであり，同時に Th にも同じように意識化されるものである。故に，その場面で取り出されたものは，Cl と Th が受け止めることができるものとして扱われ，比較的安全な治療法となり得るのではなかろうか。

2）心理療法家の訓練として

　箱庭療法の治療者として訓練を受けるものは，まず自分が箱庭を体験することである，ということは河合（1991）も岡田（1993）も述べている。今回の Cl は，臨床心理学を専攻している学生で，箱庭療法を学ぼうとしている人であった。岡田（1993）は「イメージとして作品をつくることに意味があるが，さらにそれをもとに物語をつくることはイメージを拡大し，作品をさらに意識で考察することである。この意識面での物語づくりもイメージ理解のために重要である」としている。

　今回導入した認知的アプローチも，同様の目的をもって試みた新しい技法と筆者は考えている。特に，箱庭療法の再意識化を目指した試みであるので，心の深層でおぼろげに気づいていることが，より鮮明に意識されやすくなる。自分のつくった箱庭のことをもっと理解したい人にとって，役に立つ方法であると思われる。

3）進路相談での活用

　この方法は，学生の就職・進路などの相談に対して活用できるのではない

かと思われる。学生が「自分が何をしたいのかわからない」「自分の適性について知りたい」などの相談に来た場合，この方法で行うと，自分の無意識からのメッセージが意識化されるので，自分がしたいこと・すべきことがイメージされやすくなると思われる。

　進路という人生の選択において，どういうことを考え抜き，納得してコミットしていくかが，箱庭に表現された豊かさを味わう方法である。それは，自分の無意識の情報も含めて，選択をすることになる。無意識からのメッセージに従ったからといって必ずしも幸福になるとは限らないが，よく考えて納得して選んだものに進むことは，人格的に成熟する方法にもなるだろう。

4）安全な活用のために

　普段のカウンセリングにおいてこの技法を取り入れるのには慎重を期してほしい。従来の箱庭療法や認知療法に満足しているクライエントに無理に導入する必要はない。あくまでも，クライエントが自分の置いた箱庭をもっと知りたいという場合には役に立つ可能性は高いと思われる。また，箱庭療法で長く滞っていたり，認知療法で深まらないときに第2選択の心理療法として導入してみると意味があるかもしれない。

第5章

まとめ

1. 箱庭による認知物語療法は心理的課題を効果的に生成し，その達成を促進しうるシステムの可能性が確認できた

1）心理的課題の効果的な生成について

　箱庭療法に認知‐物語アプローチを導入し，6段階を経ることは，Cl自身がその課題を意識しやすい仕組みであり，心理的課題は効果的に生成された。

2）心理的課題の「促進」について
(イ) 心理的課題が「促進」される仕組み

　Clが自分のつくった作品を見ながら，認知‐物語アプローチの6段階に従って心理的課題を考えることは，適応的スキーマを活性化し，スキーマのネガティブな面とポジティブな面のバランスを良くするので，結果的にスキーマの修正になる。

　Clが主人公を設定することは，Cl自身から距離をおいた形となり，主人公の課題としてClの問題が導き出されやすくなり，主人公とCl自身との共通点，類似点を考えることが媒体となり，Clの心理的課題が引き出される。その課題はCl本人が考えたことなので，Clの問題が自分にとって扱いやすい課題になり，抵抗なく受け入れられる。そのようなClの心理的課題は，問題解決志向という面も作用するのか，適応的スキーマを活性化し，スキーマのバランスが良くなり，現実生活や次の作品をつくるときに影響を及ぼすと思われる。

　これをくり返すうちに，視点の多様な課題を認知することで，より深いレベルの変化が起き，ときには，箱庭に表現された深層の課題が変化したり，箱庭療法の従来的解釈による深層イメージに影響を与えることもある。それに伴って，現実的には問題解決の幅が広がり，行動面・現実レベルでの変化が起きると思われた。

㈹ 「促進」される要因としての Th の存在

Cl は，心の問題を Th という対象に言ってみることで，心理的課題は言語化され，日常生活のなかで実行してみることで，現実も変わると思われた。これは，従来の心理療法の基本である Th に傾聴してもらうことで，自己洞察が起き，認知が変わり，行動・現実が変わることに通じる。

一方，認知療法の観点からすると，Th は「Cl を共同研究者」(Beck, 1995) と考え，Th は Cl を矯正しようとするのではなく，Cl の問題を解決するために一緒に作業をする人であるという考え方にも通じるところがあるだろう。

また，従来の箱庭療法のように，Cl の箱庭制作を見守り，カルフの言う「自由にして保護された空間」を提供しようとする Th の姿勢も関係していると思われる。

2．スキーマの修正，視点の転換による認知の変化

視点の転換による認知の変化とは，このアプローチが Cl に自己洞察を促し，Cl の内面の変化を起こしやすい仕組みになっていることによるだろう。本研究では，自己・他者・世界・未来に対する見方の認知の変化が見られた。

これら，四つの方向は 4 種類のスキーマ（Beck, et al., 1979）と一致することから考えると，認知‐物語アプローチを導入することで，自己・他者・世界・未来の視点のスキーマを活性化するように認知が変化したともいえるだろう。

3．内面化への歩みと現実適応との関係

現実とのつながりを持ちながら箱庭作品がどのように展開していくかを，事例を通してみていったが，その関係は相乗効果もあり，このアプローチの有効性はかなり認められると思われた。

4．認知-物語アプローチを導入する意義

　認知療法では，不安・うつ病などの再発・再燃やパーソナリティ障害のクライエントに，夢を使ってスキーマを取り出し，スキーマの改変をめざすことは治療に役に立つと考えられている。ここでは，Cl と Th が，イメージ表現されたものを客観的に共有できるものとして，夢よりも箱庭療法を活用する方が有効であると考えたので，夢の代わりに箱庭を用いた。心理的課題は適応的スキーマの形成のために設定された。
　認知療法の観点からすると，心理的課題の遂行はスキーマ修正法の一つになるだろう。また，従来の認知療法よりも早くスキーマに到達すると思われる。そのことにより，根本的な問題に対して早期に取り掛かれるようになるだろう。
　箱庭療法の観点からすると，Cl が箱庭療法においてどのような体験をしているのか，認知的に解明している例はあまりないので，箱庭療法がなぜ効果があるのかを解明することの一つの方法になるだろう。
　また，ケースＣで見られるように，認知-物語アプローチの6段階の再意識化のプロセスを経ることが安全弁となり，意識化の枠組みのなかで無意識のイメージを安全に展開できる可能性があるという点である。
　そして，心理療法家の訓練としてみると，箱庭療法を実体験し，自分で自分の箱庭をもっとわかることができる方法と思われる。

5．本研究の課題と今後の展望

　まず，限界については，臨床例に用いた場合，自分と直面するのがしんどいときにこの技法を取り入れると，よけいに Cl の負担が多くなることもあるだろう。また，認知の発達心理学的観点からすると，小学生以下はこのアプローチのような心理的課題の言語化をすることが無理な場合があると思われる。

筆者は，中学生以上の神経症圏のClやその親に用いたことはあり，それなりの手ごたえは感じているが，今後はどの程度の臨床例に活用できるのか，できないかの見極めや，健常者に対しても導入するタイミングなど，今後いろいろなケースについて，丁寧にみていく必要があると思われる。

　今後は，臨床例に対する検討，コラージュ療法や描画療法など他のイメージ表現を用いる治療法に導入することに対しての検討，この技法の適用と禁忌についての検討など，さらに積み重ねなければならない課題が考えられる。

6．おわりに

　認知療法という意識レベルのことを扱う心理療法に，夢や箱庭やコラージュという無意識からの見方を取り入れれば，認知療法だけよりも問題解決の幅が広がり，より深いレベル（スキーマやさらに深層イメージ）で変化が起こるように思われる。それに伴って現実的には，問題解決の幅が広がり，行動面・現実レベルでの変化が起きると思われた。

　このように本研究は，認知療法の不足している面を補完しているともいえるが，箱庭療法の側からみると，箱庭療法で停滞している人が心理的課題を達成したり，自我のコントロール機能を強化するのに役立つ面もあると思われ，箱庭療法の発展としても考えられるだろう。

　しかし，この研究は始まったばかりであるので，まだまだ乗り越えなければならない課題は多々あるが，本研究はまずその第一歩を踏み出した試みを報告したものである。

文　献

Barrett, D. (2002) The"royal road"becomes a shrewd shortcut: The use of dreams in focused treatment. *Journal of Cognitive Psychotherapy: An International Quarterly*, **16** (1), 55-63.

Beck, A. T. (1967) *Depression: Clinical, Experimental, and Theoretical Aspects*. New York: Hoeber Medical Division, Harper & Row.

Beck, A. T. (1971) *Cognitive patterns in dreams and daydreams*. In J. H. Masserman (Ed.), *Dream Dynamics: Science and Psychoanalysis*, vol. 19. New York: Grune & Stratton, pp. 2-7.

Beck, A. T. (1976) *Cognitive Therapy and the Emotional Disorders*. International Universities Press. 大野裕訳（1990）認知療法――精神療法の新たな発展. 岩崎学術出版社.

Beck, A. T. (1987) Cognitive models of depression. *Journal of Cognitive Psychotherapy: An International Quarterly*, **1** (1), 5-37.

Beck, A. T. (1991) Cognitive therapy as the integrative therapy. *Journal of Psychotherapy Integration*, **1** (3), 191-198.

Beck, A. T. (1993) *Cognitive Therapy of Substance Abuse*. New York: Guilford Press.

Beck, A. T. (2002) Cognitive patterns in dreams and daydreams. *Journal of Cognitive Psychotherapy: An International Quarterly*, **16** (1), 23-27.

Beck, A. T. (2004) *Cognitive Therapy of Personality Disorders*. 2nd Edition. New York: Guilford Press.

Beck, A. T., Enery, G., & Greenberg, L. (1985) *Anxiety Disorders and Phobias*. New York: Basic Books.

Beck, A. T., Freeman, A. & associates. (1990) *Cognitive Therapy of Personality Disorders*. New York: Guilford Press.

Beck, A. T., Rush, A. J., Shaw, B. F., & Enery, G. (1979) *Cognitive Therapy of Depression*. New York: Guilford Press.

Beck, J. S. (1995) *Cognitive Therapy: Basics and Beyond*. New York: Guilford Press. 伊藤絵美・神村栄一・藤澤大介訳（2004）認知療法実践ガイド・基礎から応用まで. 星和書店.

Burns, D. D. (1980) *Feeing Good: The New Mood Therapy*. New York: William Morrow. 野村総一郎他訳（1990）いやな気分よ，さようなら――自分で学ぶ「抑うつ」克服法. 星和書店.

Doweiko, H. E. (2002) Dreams as an unappreciated therapeutic avenue for cognitive-behavioral therapists. *Journal of Cognitive Psychotherapy: An International Quar-*

terly, **16**(1), 29-38.
Ellis, A.(1987) Rational-emotive therapy: Current appraisal and future directions. *Journal of Cognitive Psychotherapy: An International Quarterly*, **1**(2), 73-86.
Erikson, E.(1959) *Identity and the Life Cycle*. New York: International Universities Press. 小此木啓吾訳編(1973)自我同一性. 誠信書房.
Freeman, A. 井上和臣(1989)うつ病の認知療法：症例. 精神科治療学, **4**(1), 19-31.
Freeman, A. *The Practice of Cognitive Therapy*(遊佐安一郎監訳)(1989)認知療法入門. 星和書店.
Freeman, A., Pretzer, J., Freming, B.(1993) *Clinical Applications of Cognitive Therapy*. New York: Plenum Press. 高橋祥友訳(1993)認知療法臨床ハンドブック. 金剛出版.
Freeman, A. & White, B.(2002) Dreams and the dream image: Using dreams in cognitive therapy. *Journal of Cognitive Psychotherapy: An International Quarterly*, **16**(1), 39-53.
Freud, S.(1900) *Die Traumdeutung*. Leipzig und Wien. 高橋義孝訳(1968)夢判断. フロイト著作集2．人文書院.
藤田綾子・大前玲子(1978)しつけに関する両親と子どもの認知構造における相似と相異. 実験社会心理学研究, **17**(2), 111-119.
Gonçalves, O. F.(1994) Cognitive narrative psychotherapy: The hermeneutic construction of alternative meanings. *Journal of Cognitive Psychotherapy: An International Quarterly*, **8**(2), 139-161.
Gonçalves, O. F.(1995) Cognitive narative psychotherapy. In M. J. Mahoney(Ed.), *Cognitive and Constructive Psychotherapies*. New York: Pergamon, pp. 139-162.
Gonçalves, O. F. & Barbosa, J. G.(2002) From reactive to proactive dreaming: A cognitive-narrative dream manual. *Journal of Cognitive Psychotherapy: An International Quarterly*, **16**(1), 65-73.
Gonçalves, O. F., Korman, Y., & Angus, L.(2000) Constructing psychopathology from a cognitive narrative perspective. In R. A. Neimeyer & J. D. Raskin(Eds.), *Constructions of Disorder*. Washington, DC: American Psychological Association Press, pp. 265-284.
東山紘久(1994)箱庭療法の世界. 誠信書房.
樋口和彦(1981)ポストスチューデント時代. 笠原嘉・山田和夫編：キャンパスの症候群——現代学生の不安と葛藤. 弘文堂, pp. 253-283.
Hill, C. E. & Rochlen, A. B.(2002) The Hill cognitive-experiential model of dream interpretation. *Journal of Cognitive Psychotherapy: An International Quarterly*, **16**(1), 75-89.
井村修他(1990)トークン・エコノミー法と箱庭療法を併用した男子遺糞症児の事例. 沖縄の小児保健, **17**, 37-38.
井村修他(1998)精神分裂病患者の視点変換能力の心理学的研究. 琉球大学法文学部人間科学科紀要, **1**, 9-23

井村修（2002）統合失調症と視点取得能力．心理学研究，**73**（5），383-390．
井上和臣（1989）認知療法センター便り．臨床精神医学，**18**（2），285-288．
井上和臣（1991）恐慌性障害の認知行動療法．臨床精神医学，**20**，939-946．
井上和臣（1992）認知療法への招待．京都：金芳堂．
井上和臣（1994）不安障害の認知行動療法．清水将之編：不安の臨床．金剛出版，pp. 148-165．
井上和臣（1995）人格障害の認知療法．福島章他編：人格障害．金剛出版，pp. 491-507．
井上和臣（1996）人格障害の認知療法．大野裕・小谷津孝明編：認知療法ハンドブック（下）．星和書店，pp, 79-100．
井上和臣（2002）パニック障害の認知療法．パニック障害セミナー（竹内龍雄・貝谷久宣；不安・抑うつ臨床研究会）．日本評論社，pp. 103-114．
Jung, C. G.（1963）*Memories, Dreams, Reflections.* Recorded and Edited by Aniela Jaffe, Pantheon Books.（*Erinnerungen, Traume, Gedanken* von C. G. Jung. Zürich: Rascher Verlag.）A. ヤッフェ編／河合隼雄・藤縄昭・出井淑子訳（1972・1973）：ユング自伝（1・2）――思い出・夢・思想．みすず書房．
Jung, C. G.（1944）*Psychologie und Alchemie.* Zürich. 池田紘一・鎌田道生訳（1976）心理学と錬金術（I・II）．人文書院．
Jung, C. G.（1964）*Man and His Symbols.* London: Aldus Books. 河合隼雄監訳（1972）人間と象徴（上・下）．河出書房新社．
Jung, C. G.（1974）*Dreams.* Princeton, New Jersey: Princeton University Press.
角野善宏（2004）描画療法から観たこころの世界．日本評論社．
Kalff, D. M.（1966）*Sandspiel.* 河合隼雄監修（1972）カルフ箱庭療法．誠信書房．山中康裕監訳（1999）カルフ箱庭療法［新版］．誠信書房．
河合隼雄（1967）ユング心理学入門．培風館．
河合隼雄編（1969）箱庭療法入門．誠信書房．
河合隼雄他（1984）トポスの知．TBSブリタニカ．
河合隼雄（1991）イメージの心理学．青土社．
河合隼雄（2001）心理療法と物語．岩波書店．
河合隼雄（2003）臨床心理学ノート．金剛出版．
河合隼雄（2004）深層意識への道．岩波書店．
河合隼雄・山中康裕編（1982）箱庭療法研究1．誠信書房．
河合隼雄・山中康裕編（1985）箱庭療法研究2．誠信書房．
河合隼雄・山中康裕編（1987）箱庭療法研究3．誠信書房．
河合俊雄（1998）概念の心理療法．日本評論社．
Kearney, C. A., & Silverman, W. K.（1990）Treatment of an adolescent with obsessive-compulsive disorder by alternating response prevention and cognitive therapy: An empirical analysis. *Journal of Behavior Therapy and Experimental Psychiatry,* **21**（1），39-47．
木村晴子（1985）箱庭療法――基礎的研究と実践．創元社．

Marjorie, E. W. (1993) *Aaron T. Beck*. London: Sage Publications.
松田真理子（2006）統合失調症者のヌミノース体験．創元社．
三木アヤ（1978）自己への道．黎明書房．
三木アヤ他（1991）体験箱庭療法．山王出版．
Menuhin, J. R. (1992) *Jungian Sandplay*. Routledge. 山中康裕監訳（2003）箱庭療法．金剛出版．
森谷寛之（1995）子どものアートセラピー．金剛出版．
森谷寛之他（1993）コラージュ療法入門．創元社．
老松克博（2000）アクティブ・イマジネーション．誠信書房．
大野裕（1989a）認知療法．精神医学，31（8），794-805．
大野裕（1989b）恐慌障害の認知療法．精神科治療学，4（1），33-41．
大野裕（1990）「うつ」を生かす．星和書店．
大野裕（1991）認知療法――抑うつを伴う回避性人格障害の症例を通して．臨床精神医学，20（7），947-954．
大野裕（1992）認知行動療法ケース研究：うつ病．精神療法，18，9-15．
大前玲子（1976）両親と子どもの認知構造についての研究．大阪大学人間科学部卒業論文（未公刊）．
大前玲子（1981）ある女児の遊戯治療過程より．豊中市立教育研究所研究紀要，51号，1-18．
大前玲子（1982）登園を嫌がるU君．豊中市立教育研究所研究紀要，55号，18-25．
大前玲子（1985）ある女児の箱庭表現とその治療過程についての一考察．豊中市立教育研究所研究紀要，59号，30-42．
大前玲子（1987）ある登校拒否児の箱庭表現と治療過程．豊中市立教育研究所研究紀要，68号，28-45．
大前玲子（1996）青年期の不適応に対する認知療法――認知プロフィールの活用とその意義．鳴門教育大学修士論文（未公刊）．
大前玲子他（1997）対人不適応の青年期女性に対する認知療法の一例――認知プロフィールの活用とその意義．精神療法，23（6），43-50．
大前玲子他（2003）アトピー性皮膚炎の青年期女性にみられた対人関係問題と多忙さに対する認知療法．井上和臣編：認知療法ケースブック．星和書店，pp. 73-78．
大前玲子（2005）「認知療法と夢」についての文献展望．心理臨床学研究，22（6），665-670．
大前玲子（2006）認知‐物語的アプローチを導入した箱庭療法技法の開発．大阪大学教育学年報，12，11-26．
大前玲子（2007）箱庭療法における認知‐物語アプローチの導入．心理臨床学研究，25（3），336-345．
岡田康伸（1984）箱庭療法の基礎．誠信書房．
岡田康伸（1993）箱庭療法の展開．誠信書房．
岡田康伸編（2002a）箱庭療法の現代的意義（現代のエスプリ別冊）．至文堂．

岡田康伸編（2002b）箱庭療法の本質とその周辺（現代のエスプリ別冊）．至文堂．
Otto, R. (1917) Das Heilige: Über das irrationale in der Idee des Göttlichen und sein Verhältnis zum Rationalen. Leopold Klotz Verlag. 山谷省吾訳（1968）聖なるもの．岩波書店．pp. 9-268, 319-325.
Padesky, C. A. (1994) Schema change processes in cognitive therapy. *Clinical Psychology and Psychotherapy*, 1, 267-278.
Persons, J. B. (1989) *Cognitive Therapy in Practice: A Case Formulation Approach.* New York: Norton. 大野裕訳（1993）実践的認知療法——事例定式化アプローチ．金剛出版．
Persons, J. B. & Davidson, J. (2000) Cognitive behavioral case formulation. In K. Dobson (Ed.) *Handbook of Cognitive Behavioral Therapies.* New York: Guilford Press. pp. 86-110.
Persons, J. B. & Tompkins, M. A. (1997) Cognitive-behavioral case formulation. In T. D. Eells (Ed.). *Handbook of Psychotherapy Case Formulation.* New York: Guilford Press, pp. 314-339.
Rogers, C. R. (1951) *Client-Centered Therapy: Its Current Practice, Implications, and Theory.* Boston: Houghton Mifflin. 友田不二男編訳（1966）サイコセラピィ．ロージァズ全集第3巻．岩崎学術出版社．
Rosner, R. I. (2002) Aaron T. Beck's dream theory in context: An introduction to his 1971 article on cognitive patterns in dreams and daydreams. *Journal of Cognitive Psychotherapy: An International Quarterly,* 16 (1), 7-21.
Rosner, R. I., Lyddon, W. J., & Freeman, A. (2002) Cognitive therapy and dreams: Introduction to the special issue. *Journal of Cognitive Psychotherapy: An International Quarterly,* 16 (1), 3-6.
丹野義彦（2001）エビデンス臨床心理学．日本評論社．
Wachtel, P. L. (1997) *Psychoanalysis, Behavior Therapy, and The Relational World.* The American Psychological Association. 杉原保史訳（2002）心理療法の統合を求めて．金剛出版．
Weinrib, E. L. (1983) *Images of the Self.* Boston: Sigo Press.
White, M. & Epston, D. (1990) *Narrative Means to Therapeutic Ends.* New York: Norton. 小森康永訳（1992）物語としての家族．金剛出版．
山口素子（2001）心理療法における自分の物語の発見について．河合隼雄総編集：心理療法と物語．岩波書店．pp. 113-151.
山中康裕（1999）心理臨床と表現療法．金剛出版．
山中康裕他編（2000）世界の箱庭療法．新曜社．
山中康裕編著（2003）表現療法．ミネルヴァ書房．
Young, J. E. (1990) *Cognitive Therapy for Personality Disorders: A Schema-Focused Approach.* Sarasota, FL: Professional Resource Exchange.

あとがき

　私が本書を書くに至るまで，さまざまな「たまたま」・「偶然」が重なっているという気がします。そして，「誰がこの人生という物語を創ったのだろう？」というぐらい，自分の意識を越えたものが作用して，思っても見ない方向に導かれるものだなあとつくづく思います。そして，それは「たまたま」・「偶然」であったとしても，布置されたもの，ユング心理学でいうコンステレーションなのかもしれません。

　私と「箱庭」，「認知」との出会いは，1972年大阪大学に人間科学部ができ，私がそこの一期生として入学したところから始まっていたのです。私は臨床心理学を学びたくて入学したのですが，当時，日本には臨床心理学のコースがわずかしかなく，私は社会心理学を専攻しました。このとき初めて「認知」という単語を意識し，卒業論文のタイトルにもなりました。

　一方，「箱庭」との出会いは，大学を卒業後に勤務したのが豊中市立教育研究所（現豊中市立教育センター）で，スイスから帰国されたばかりの河合隼雄先生が，公立の相談機関としては日本で最早期に箱庭療法を導入されたところでした。相談用の各部屋には箱庭の砂箱とフィギュアーが置いてあり，日常的に箱庭に接する心理臨床の現場でした。その当時の所長だった故森田福一先生に箱庭を置かせてもらったのが最初だったと思います。

　その後は，セラピストとして不登校など神経症圏の子どもたちの中で箱庭を好む子が何人かいて，私は箱庭のストーリーをだんだん読めるようになっていきました。その後，河合隼雄先生，樋口和彦先生，山中康裕先生，岡田康伸先生による京都の箱庭療法研究会に参加し，またスイス，チューリッヒのカルフ先生のところや来日中のシェリー・シェファード先生のところで箱庭による教育分析を受けました。

　そうするうちに，自分で作った作品を自分でもっと知りたいと思うようにもなりました。その間，転勤により私は公立小学校に教員として勤務するこ

とになり，1994年，現職教員派遣システムによって鳴門教育大学大学院に入学する機会に恵まれ，ここで再び「認知」に出会います。ベックの認知療法センターに留学されていた井上和臣先生は，認知療法を専門にされている精神科医で，私は井上先生のところで認知療法を研究テーマとしました。当時，河合隼雄先生に認知療法という箱庭療法とは志向の違う心理療法をすることになったことについて話しますと，「両方したらいいです」と励まされました。鳴門教育大学大学院では，認知療法を一から学び，修士論文のテーマが「青年期の女性に対する認知療法」でした。

その後，小学校現場に復帰しますが，臨床心理の世界に戻りたいと思い，2003年，私は大阪大学大学院博士後期課程に進学しました。そこで，出会ったのが「認知療法と夢」の特集号です。これにより，認知療法と深層心理学を統合するイメージがふくらみ「イメージ表現における認知‐物語アプローチ」という博士論文として実を結びました。

認知療法は行動療法，精神分析とのかかわりは深いですが，ユングの分析心理学やロジャーズのクライエント中心療法などとかかわった研究や実践例はほとんどないように思われます。そこで，今まで実践してきた経験をもとに，箱庭療法やコラージュ療法，描画療法などイメージを取り扱う心理療法と，認知療法をつなぎ合わせ，統合する学際的な新しい方向を開拓し，理論を構築し実践に役立てたいと考えて独自にこの技法を開発しました。

このように，「認知」と「箱庭」という二つのテーマは私にとっては「たまたま」・「偶然」であるかのようにやってきます。しかし，その背後には内的な準備が整っていたようにも思われます。

「認知物語療法」とは，認知療法と箱庭療法の統合を目指したもので，さまざまな方々との出会いの中で本書は生まれました。これからも，このような方々とのご縁を大切にし，心理臨床の道に精進して参りたいと思います。

重ねて，本書の作成に関わってくださったすべての皆様に，心より感謝の気持ちを述べたいと思います。本当に，ありがとうございました。

　　　2009年10月　銀杏の色づき始めた大阪・千里丘陵にて　　　大前玲子

索　　引

ア行
意識　　13, 14, 148, 191
井上和臣　　4, 17
今，ここで　　14
イメージの共有　　ii
イメージ表現　　i, 2, 5, 14, 182
うつ病　　15
大野　裕　　173
岡田康伸　　ii, 14, 184

カ行
外的世界　　177
概念化　　180
カルフ（Kalff, D. M.）　　i, ii, 2, 14, 21, 189
河合隼雄　　ii, 2, 12, 14, 184
感覚　　22
感情　　18, 22
基礎的信念　　16
規範　　16
木村晴子　　14
共同研究者　　173, 189
心のモデル図　　i, 148
個性化の過程　　13
コラージュ療法　　191
ゴンサルブス（Gonçlves, O. F.）　　3, 5, 6, 7, 10, 21

サ行
サンドドラマ法　　ii
思考　　22
自己関係づけ　　16
自己洞察　　173, 189
自己評価　　178
自己評価得点　　178
下向き矢印法　　17
自動思考　　3, 4, 5, 9, 12, 15, 16, 18, 20
自由にして保護された空間　　189

条件付信念　　16, 18
事例の概念化　　17
深層イメージ　　i, 148, 150, 177, 188, 191
信念　　16
心理的課題　　i, 2, 5, 14, 20, 23, 172, 173, 178, 180, 188, 189, 190
心理療法の統合　　3
スキーマ　　i, 3, 4, 5, 6, 7, 9, 11, 12, 15, 16, 17, 20, 21, 148, 150, 172, 174, 175, 176, 177, 180, 181, 182, 188, 189, 191
　　──に焦点を当てる治療法　　11
　　──の改変　　11, 190
　　──の修正　　i, 3, 4, 15, 17, 18, 173, 180, 188, 189
　　適応的──　　3, 4, 5, 16, 17, 20, 172, 180, 182, 188, 190
　　不適応的──　　4, 5, 16, 172, 180, 182
　　バランスのよい──　　4, 5, 17
スキーマ修正法　　181, 190
スキーマ療法　　181
精神エネルギー　　149
世界技法　　14
摂食障害　　15
セルフ　　13
前意識　　12
　　──の層　　148
前意識領域　　6
ソクラテスの問答法　　4, 15, 17

タ行
中核的信念　　16, 18, 182
中核的信念ワークシート　　181
道具的信念　　16, 18
統合失調症　　15

ナ行
内的世界　　177

認知　22
　　熱い――　7
　　――の再構成　9
　　――の三微　8
　　――の歪み　3, 4, 8, 11, 16, 17
認知・感情スキーマ　13
認知・行動・感情様式　18
認知 - 行動 - 感情 - プロフィール　17
認知行動療法　8, 9
認知的アプローチ　180
認知パターン　7, 10, 11
認知プロフィール　17, 183
認知プロフィール法　17, 181, 182
認知モデル　8, 180
認知 - 物語アプローチ　i, 2, 3, 10, 20, 21, 30, 177, 179, 189
認知 - 物語アプローチの6段階　i, 21, 172, 188, 190
認知 - 物語・夢マニュアル　6, 10, 22
認知物語療法　i, ii, 2, 6, 20, 21
　　――の質問紙　23
認知療法　i, 2, 3, 4, 7, 8, 11, 13, 15, 20, 172, 180, 190, 191
　　――と夢　6
認知療法家　11
ヌミノース体験　150, 151

ハ行
白昼夢　12
箱庭　178
箱庭療法　i, ii, 2, 14, 20, 21, 30, 180, 183, 184, 188, 190, 191
パーソナリティ障害　11, 15
パーソンズ（Persons, J. B.）　17
パデスキー（Padesky, C. A.）　4, 17, 172, 180, 181
パニック障害　15

バルボーサ（Barbosa, J. G.）　3, 5, 7, 10, 21
バーンズ（Burns, D. D.）　17
東山紘久　ii, 14, 184
PDL法　4, 17, 172, 181
評価得点　23, 178, 179
描画療法　191
フリーマン（Freeman, A.）　6, 7, 8, 11, 13
フロイト（Freud, S.）　12
ベック（Beck, A. T.）　3, 4, 6, 7, 8, 11, 12, 13, 15, 16, 17, 173, 174, 189
ベック（Beck, J. S.）　181
ポジティブ・スキーマ　4
ホワイト（White, M.）　11, 13

マ行
三木アヤ　ii, 14, 183
無意識　12, 13, 14, 148, 191
　　――の層　148
無意識領域　184
物語作り法　ii
物語法　14

ヤ行
薬物依存　15
山中康裕　14
ヤング（Young, J. E.）　6, 11, 181
遊戯療法　2
夢　3, 7, 13
　　――の隠喩化　10
　　――の投影　10
　　――の認知パターン　11, 13
ユング（Jung, C. G.）　12, 13

ラ行
ローエンフェルド（Lowenfeld, M.）　14
ロスナー（Rosner, R. I.）　6

著者略歴

大前玲子（おおまえ・れいこ）

1976年　　　大阪大学人間科学部人間科学科卒業
1976-1987年　大阪府豊中市立教育研究所教育相談係
1987-2003年　大阪府豊中市立小学校教諭
1994-1996年　鳴門教育大学大学院学校教育研究科修士課程
　　　　　　（現職派遣による）
2003-2006年　大阪大学大学院人間科学研究科博士後期課程
2006年より　大阪大学大学院人間科学研究科助教
　　　　　　博士（人間科学）・臨床心理士

主な著書
『学校の心理臨床』〈心理臨床の実際 第2巻〉（共著）　金子書房
『認知療法ケースブック』（共著）　星和書店
『思春期・青年期の心理療法』（共著）　放送大学出版会

箱庭による認知物語療法──自分で読み解くイメージ表現

2010年2月25日　第1刷発行

著　者　　大　前　玲　子
発行者　　柴　田　敏　樹
印刷者　　田　中　雅　博

発行所　株式会社　誠信書房
〒112-0012 東京都文京区大塚3-20-6
電話 03 (3946) 5666
http://www.seishinshobo.co.jp/

創栄図書印刷　清水製本所
検印省略
ⓒ Reiko Ohmae, 2010

落丁・乱丁本はお取り替えいたします
無断で本書の一部または全部の複写・複製を禁じます
Printed in Japan
ISBN978-4-414-40054-0 C3011

箱庭療法入門

ISBN978-4-414-40117-2

河合隼雄編

子どものための心理療法として考案された箱庭療法は，成人にも効果のある治療法として発展し，現在では箱庭療法を用いる臨床家が急激に増加しつつある。本書は技法，理論的背景，箱庭表現の諸相を，豊富な図版を挿入し，事例を多数取り上げ懇切に説く。

目　次
理論篇
　第1章　技法とその発展過程
　第2章　理論的背景
　第3章　箱庭表現の諸相
事例篇
　事例1　学校恐怖症，小学4年生男子
　事例2　夜尿症，小学3年生男子
　事例3　チック症，小学6年生男子
　事例4　攻撃性の強い幼稚園女児
　事例5　学校恐怖症，中学2年生女子
　事例6　緘黙症，小学3年生女子
　事例7　学習場面不適応，小学5年生男子
　事例8　攻撃的で情緒不安定，幼稚園女児
　事例9　精神分裂病，32歳男子

A5判上製定価（本体2000円＋税）

カルフ箱庭療法［新版］

ISBN978-4-414-40275-9

ドラ・M.カルフ著　山中康裕監訳

箱庭療法はカルフ女史によって，ユング分析心理学を基盤として児童のみならず広く成人の精神障害の治療にも使えることでその完成をみた。日常の言語では表されにくいクライエントの奥深い精神世界が生き生きと，しかも可視的に表現されるという特徴をもっている。このたび原著の第3版にともない新版として刊行した。

目　次
1　はじめに
2　クリストフ──不安神経症の克服
3　キム──学習困難からの回復
4　ダニーラ──強すぎた母親結合からの解放
5　クリスチャン──夜尿症の治癒
6　ジェームス──極度に外向的な母親との同一化による本能の喪失
7　デデ──言語障害の克服
8　マリーナ──ある養女の読字障害の背景
9　23歳の娘──あまりにも弱い自我の再建
10　青年──赤面恐怖の一事例の宗教的背景

A5判上製　定価（本体2800円＋税）